ONDINE KHAYAT

Écoute la petite musique du Clos des Anges

roman

SOLAR EDITIONS

ISBN : 978-2-263-15976-3
Code éditeur : S15976
Dépôt légal : janvier 2019
Solar, un département d'Edi8
Retrouvez-nous sur www.lisez.com/solar/9

Pour Élisabeth et Dominique Khayat,
pour Poupy et Lily, où que vous soyez,
et pour mes patients.

Il faut que le noir s'accentue pour que
la première étoile apparaisse.

Christian Bobin

1

Le pinceau glissait sur la toile. Il dansait, tanguait et virevoltait sur les trois visages de la même femme. Une expression différente émanait de chaque portrait. Sereine au centre du tableau, triste à droite et en colère à gauche. D'un geste vif, Raphaëlle mélangea à nouveau ses couleurs. Elle cherchait ce rendu un peu flou, vibratoire, aérien. Elle commença par le visage du milieu, et apposa du mauve le long de la ligne des cheveux. Elle poursuivit vers l'extérieur avec un violet plus vif. Sa respiration s'accéléra, tout son corps était tendu. Elle ajouta un beau bleu sur le front, puis passa à la paupière droite avant de faire couler une larme couleur de soleil sous l'œil. Une mèche de cheveux tomba sur son visage, elle l'écarta d'un revers de la main. Ne pas perdre le fil de la création, ne surtout pas sortir de sa concentration. Elle mit des petites touches de vert sur le bas du visage, et un halo doré autour de la tête. Les yeux de la femme avaient un défaut, elle les retravailla, encore et encore, jusqu'à atteindre la perfection. Elle mit du parme dans le gauche, du jaune dans le droit, puis essuya son pinceau, le plongea dans d'autres couleurs et les mélangea jusqu'à obtenir la teinte exacte qu'elle recherchait. Elle s'attaqua au deuxième visage, celui de la femme triste qui regardait au loin. À quoi pensait-elle ? Raphaëlle s'était inspirée d'une photo prise quelques semaines auparavant, celle d'une femme qu'elle avait abordée pour lui demander si elle l'autorisait à la photographier. Elle agissait souvent ainsi, c'était la matière première de son travail. Elle captait l'état d'âme d'inconnus croisés dans la rue, qu'elle retraduisait et intensifiait grâce à son art. Pour Raphaëlle, la création naissait toujours d'une émotion. Peindre était comme faire un casse pour pénétrer l'âme humaine. Elle entrait par effraction, tout doucement, sur la pointe des pieds, et tentait de trouver les codes d'accès à la psyché de son sujet. Ce dernier laissait parfois, tel le Petit Poucet, des cailloux qui la menaient jusqu'à lui. C'est ce qui se passait ici. Raphaëlle était guidée par la femme de la photo, elle s'imprégnait de sa substance, elle l'absorbait. Le rendu était saisissant. Raphaëlle se demandait souvent d'où venait son inspiration. Est-ce qu'il existe, quelque part dans l'univers, une banque d'idées dans laquelle nous piochons, et que nous traduisons en couleurs ou en mots ? Certains de ses tableaux semblaient si habités qu'on aurait juré que le sujet représenté sur la toile allait se mettre à bouger d'une seconde à l'autre. À en croire ceux qui lui commandaient un portrait, c'est là que résidait son principal talent. Elle avait étudié aux Beaux-Arts et, après avoir travaillé quelque temps dans un atelier de restauration d'œuvres d'art, elle avait commencé à réaliser des portraits sur commande, en noir et blanc ou en couleur, qui lui assuraient des revenus réguliers. Elle traversait depuis toujours d'abominables périodes de doute, au cours desquelles elle se sentait inapte et dépourvue de talent. Seul le soutien indéfectible de Fanny, sa meilleure amie, l'aidait à tenir le coup. Elle venait d'ailleurs de lui trouver une galerie parisienne prête à mettre son travail en valeur. Raphaëlle, qui exposerait pour la toute première fois ses œuvres dans quelques mois, ressentait un mélange d'excitation et de frayeur.

Elle travailla sans s'arrêter, devenant cette femme qu'elle ne connaissait pas et entra en connexion avec sa toile. Entièrement absorbée par son travail, elle vivait un moment de grâce qui modifiait sa perception du réel. Soudain, quelques notes de musique résonnèrent dans sa tête. Elle ferma les yeux, enivrée. Elle avait réussi à atteindre l'autre rive, le cœur même de la création. Depuis toute petite, elle associait les couleurs à des sons et entendait de la musique lorsqu'elle peignait. Elle avait longtemps pensé qu'il en était de même pour tout le monde, mais avait appris que cette capacité à associer des sensations distinctes s'appelait la synesthésie… et qu'elle n'était pas fréquente. Au fur et à mesure qu'elle peignait, les couleurs qu'elle déposait sur la toile formaient une mélodie qui l'emportait loin de tout. Alors que, dans la vie matérielle, les choses semblaient figées, tranchantes, des vagues ondulatoires se formaient autour de Raphaëlle lorsqu'elle créait. Le réel devenait flexible et souple, comme si les milliards d'atomes qui composaient l'univers se mettaient à danser. Cet état était merveilleux, unique.

Raphaëlle avait perdu la notion du temps quand la sonnerie de son téléphone portable la tira de sa rêverie.

– Salut ma belle. Je viens de passer une nuit magnifique, lui dit Fanny.

– Avec qui ? demanda distraitement Raphaëlle.

– Il s'appelle Thibault, tu ne le connais pas. C'est un nouveau.

– Encore un nouveau ?

– Si je ne suis pas foutu de me faire plaisir à quarante-deux balais !

– Je suis ravie pour toi, éluda Raphaëlle.

– Il m'a fait l'amour merveilleusement. Tu ne peux même pas imaginer !

– Je ne veux pas imaginer, rétorqua Raphaëlle. Pour ma part, j'ai passé l'âge.

– À trente-neuf ans ? s'étouffa Fanny. Mais enfin, comment fais-tu pour vivre sans sexe ?

– Le sexe sans amour ne m'intéresse pas.

– Le problème, c'est que tu refuses aussi le sexe avec de l'amour.

– Je ne veux plus souffrir, c'est tout, conclut Raphaëlle.

– Tu es consciente que tu t'es complètement éteinte depuis ton divorce ?

– Je ne veux pas en parler.

– Ça fait trois ans ! s'écria Fanny. Tu vas te flageller encore longtemps ? Tu as besoin d'être aimée, d'être embrassée, d'être touchée. Tu ne peux pas continuer comme ça, tu vas finir par devenir frigide.

– Les hommes ne m'intéressent plus. Je suis bien mieux toute seule.

– J'ai demandé à un de mes amis de t'appeler, plaisanta Fanny. Il va s'occuper de toi, tu en as besoin.

– Tu es complètement folle ! s'écria Raphaëlle, persuadée que son amie était sérieuse. C'est hors de question. Que personne ne s'avise de me contacter.

Et elle raccrocha, furieuse.

Elle essaya de se concentrer à nouveau sur sa toile, mais n'y parvint pas. La conversation téléphonique avec Fanny tournait en boucle dans sa tête, elle avait du mal à s'apaiser. L'intensité de ses émotions l'effrayait. Il ne fallait surtout pas qu'elle pense à l'échec de sa vie affective. Jusqu'à présent, elle n'avait attiré que des hommes superficiels, plus prompts à accéder aux couches supérieures de son épiderme qu'aux profondeurs de son être. Elle n'avait jamais su jouer un rôle, dire des choses qu'elle ne pensait pas, faire semblant. Son hypersensibilité l'empêchait de vivre pleinement, de rire, de parler de tout et de rien, d'être « comme les autres ». Elle se sentait toujours en décalage, comme si elle vivait derrière une vitre et qu'elle voyait le monde défiler devant elle sans pouvoir le rejoindre. Quelque chose, enfoui au plus profond de son être, la retenait prisonnière et la faisait souffrir. Comment combler ce vide ? Elle replongea son pinceau dans ses couleurs et essaya de ne plus penser à rien.

Quelques minutes plus tard, son portable sonna à nouveau. Elle ne connaissait pas le numéro qui s'affichait sur l'écran. C'était sûrement l'ami dont venait de lui parler Fanny. Elle ne répondit pas et poursuivit son travail en fulminant. Son téléphone sonna une nouvelle fois dix minutes plus tard. Le même numéro ! Elle finit par décrocher, furieuse.

– Si vous m'appelez de la part de Fanny, sachez que je ne veux pas vous parler ! s'écria-t-elle.

– Raphaëlle Lescuyer ? demanda une voix féminine d'un ton surpris.

– Oui… c'est moi, répondit Raphaëlle, hésitante.

– Je suis désolée de vous déranger, j'ai une mauvaise nouvelle à vous annoncer. Votre père vient de mourir. J'ai trouvé vos coordonnées dans ses affaires.

L'air manqua à Raphaëlle, comme si elle venait de recevoir un coup à l'estomac.

– Allô ? Vous êtes là ? demanda la voix.

– Qui êtes-vous ? parvint-elle à articuler.

– Son aide à domicile. Je suis arrivé chez lui ce matin à sept heures, comme toujours, et il était déjà décédé. Est-ce que vous pouvez venir ?

Raphaëlle avait l'impression d'assister à une scène qui se déroulait très loin, au ralenti, et qui n'avait rien à voir avec elle. Ses yeux se posèrent sur le portrait de la femme triste. Elle se concentra sur la larme de soleil qui coulait sous son œil droit.

– Allô ? Vous êtes toujours là ? demanda la femme.

– Oui…

– Il faut que quelqu'un de la famille prenne le relais, maintenant.

– Je… je vous rappelle.

Elle raccrocha et resta immobile. Une larme roula le long de sa joue. Elle se rendit compte qu'elle avait mis de la peinture sur son téléphone et sur son jean, qu'elle frotta machinalement. Un grand froid l'envahissait, elle n'arrivait plus à respirer. Elle parvint à saisir son téléphone.

– Fanny… dit-elle d'une voix blanche.
– Qu'est-ce qu'il y a ?
– Fanny…
Raphaëlle sanglotait sans pouvoir s'arrêter.
– Ne bouge pas, j'arrive, lui dit son amie.

2

Raphaëlle était recroquevillée sur le canapé, submergée par l'angoisse. Vingt minutes plus tard, la sonnerie de l'interphone la fit sortir de sa torpeur. Elle pressa le bouton, entrouvrit la porte d'entrée et retourna s'asseoir. Lorsque Fanny pénétra dans l'appartement, elle vit son amie barbouillée de peinture et de larmes. Elle s'assit à ses côtés sans poser de questions. Elles demeurèrent silencieuses quelques minutes.

– Jo est mort, dit Raphaëlle d'une voix étranglée. Ça y est, c'est fini. Il est parti. Ils veulent que j'y aille.

– Où ça ? À Giverny ?

– Oui… Son aide à domicile m'a appelée. Il faut organiser les obsèques et tout le reste. Mon Dieu, Fanny, je ne pourrai pas…

– Bien sûr que si. Va te changer, on y va !

Raphaëlle restait prostrée dans le canapé. Fanny l'obligea à se lever et la traîna jusqu'à la salle de bains. Elle lui débarbouilla le visage, ouvrit le placard, prit un jean et un tee-shirt, et l'aida à se changer. Elle appela ensuite l'aide à domicile pour l'informer de leur arrivée environ deux heures plus tard.

Raphaëlle, suivie par Fanny, se dirigea vers sa voiture comme un automate.

– Tu es sûre de pouvoir conduire ? demanda Fanny.

Raphaëlle lui répondit par l'affirmative. Contrairement à son amie, elle connaissait la route par cœur. Elle démarra, mit le cap sur le pont de Saint-Cloud et prit ensuite l'autoroute A13 en direction de Rouen. Le trafic était dense, la voiture roulait sur la file de gauche.

Soudain, Raphaëlle agrippa le volant.

– Je ne peux plus respirer, articula-t-elle avec peine… je vais mourir…

Fanny évalua la situation. Une Mercedes arrivait derrière elles à vive allure. Sur la droite, plusieurs voitures et des camions allaient vite. Il fallait qu'elles se déportent sur la bande d'arrêt d'urgence, mais pour l'instant elles étaient coincées dans le trafic. Raphaëlle faisait une crise d'angoisse. Elle avait de plus en plus de mal à respirer, son corps présentait des signes de tétanie, elle haletait. Une main sur le volant, Raphaëlle attrapa de l'autre le bras de Fanny et y enfonça ses ongles.

– Tout va bien, lui dit Fanny, lâche mon bras. Respire lentement.

Raphaëlle desserra un peu son étreinte. Derrière elles, la Mercedes faisait des appels de phare. La situation était de plus en plus tendue. Les voitures de la file de droite refusaient de les laisser se rabattre. Fanny commençait à avoir des palpitations.

– Accélère, mets ton clignotant et dégage sur la droite ! ordonna Fanny.

Raphaëlle accéléra, avant de ralentir brusquement au bout d'une centaine de mètres. La Mercedes, qui avait failli les percuter, se lança dans un concert de coups de klaxon rageurs accompagnés d'appels de phare.

– Raphaëlle, je t'en prie, calme-toi. On va finir par avoir un accident.

Raphaëlle respirait bruyamment, le visage noyé de larmes.

– Va à droite, c'est libre ! Allez, vite ! hurla Fanny.

Raphaëlle s'exécuta et parvint de justesse à se glisser entre une voiture et un camion.

– Mets tes warnings et gare-toi sur la bande d'arrêt d'urgence.

Raphaëlle obéit et arrêta le moteur comme le lui ordonnait son amie. Elle était en nage, le visage tordu par l'angoisse, le corps entièrement contracté. Fanny épongea sa sueur et ses larmes avec un mouchoir en papier, puis elle posa une main sur son ventre pour l'aider à reprendre son souffle. La crise d'angoisse mit de longues minutes à passer. Fanny détestait conduire, mais elle fut contrainte de prendre le volant et de demander à Raphaëlle de lui indiquer la route. Elles roulèrent sans encombre jusqu'à la sortie 14, en direction de Bonnières, puis de Giverny. À 14 h 45, la voiture entrait dans le village de Claude Monet. Le trajet avait pris plus de deux heures.

Le grand portail de la propriété était ouvert. Il donnait sur un immense parc boisé. Elles empruntèrent un chemin bordé de massifs de fleurs. Au milieu se trouvait un écriteau vert, suspendu à un poteau en bois, sur lequel était écrit « Le Clos des Anges ». Raphaëlle ferma les yeux. Elle entendit la voix de son père.

– Je t'ai dit plus à gauche.

– Comme ça ?

– Mais non ! Pourquoi tu ne fais jamais ce que je te dis de faire ?

Elle détourne la tête pour que son père ne la voie pas pleurer. D'un geste ferme, celui-ci plante le poteau dans le sol. Raphaëlle fait quelques pas en arrière avant d'ouvrir les yeux. Le nom qu'elle a choisi pour leur maison est écrit en lettres d'or : le Clos des Anges.

Raphaëlle indiqua à Fanny le petit chemin où elle devait tourner. Après toutes ces années, elle pouvait encore faire ce trajet les yeux fermés. De part et d'autre du sentier, les grands arbres semblaient incliner leurs branches vers le sol à leur passage. Enfant, elle l'avait baptisé la « haie d'honneur ». À mi-chemin, Raphaëlle constata que la mare « magique » était toujours là. Elle y avait passé des heures entières, assise sur le rebord en pierre, à observer les grenouilles et à s'inventer des histoires.

Elle a huit ans. Ses longs cheveux bouclés caressent ses épaules, et ses grands yeux verts sont fixés sur le bâton de vœux qu'elle tient au-dessus du miroir d'eau. Elle trace avec lui de mystérieux signes dans l'air, et le plonge dans la mare magique en se concentrant de toutes ses forces.
Un jour, tout sera différent. Un jour, il n'y aura plus rien de grave.
Elle ferme les yeux.
Je veux que papa et maman s'aiment pour toute la vie.

Raphaëlle retint un sanglot quand, au bout de l'allée, la maison lui apparut sur fond de ciel orageux. Elle ne l'avait pas revue depuis ses dix ans. Cela faisait presque trente ans… Le bleu vif des volets, l'escalier en bois assorti qui menait au perron, les pierres roses de la façade, la palette des teintes chamarrées, les ombres et les lumières du jardin, rien n'avait changé. Quelques notes de musique résonnèrent dans sa tête, comme lorsqu'elle pénétrait dans son monde de couleurs. Elle se sentit soudain très loin de tout, et une odeur de miel, chaude et boisée, lui revint soudain en mémoire. Le parfum de son père…

Le jardin de la maison de Claude Monet à Giverny est rempli de couleurs. Elle admire les cascades de fleurs bigarrées et, soudain, elle entend cette musique dans sa tête. Des notes claires et limpides, qui ajoutent à la perfection de ce moment qu'elle veut retenir et fixer en elle à jamais. Bouleversée par tant de beauté, elle a soudain peur que ses émotions la submergent. Elle glisse sa main dans celle de son père et cherche à attirer son attention, mais il ne la regarde pas. Un courant d'air froid s'infiltre dans son cœur.

– Raphaëlle ?

Le visage de son père devint flou, puis se dissipa dans les couleurs du souvenir. Fanny avait arrêté la voiture et la regardait d'un air soucieux.

– Tu es sûre que ça va ? lui demanda-t-elle en ouvrant la portière.

Elles se dirigèrent vers la porte d'entrée dans un silence religieux, à peine troublé par le crissement des graviers sous leur pas. Fanny appuya sur la sonnette.

Quelques instants plus tard, Françoise, l'aide à domicile de Joseph, petite femme brune d'une cinquantaine d'années, leur ouvrit la porte.

– Entrez, je vous attendais, leur dit-elle.

3

Dans le salon, Fanny passait en revue tous les détails avec Françoise. Joseph avait exprimé le souhait d'être incinéré. L'aide à domicile, qui avait appelé le crématorium d'Évreux pour gagner du temps, donna toutes les informations nécessaires à Fanny. Pendant ce temps, Raphaëlle regardait partout. La disposition des meubles avait changé, mais l'atmosphère était la même. La bibliothèque de son père tapissait deux murs entiers. Elle l'avait toujours aimée. Petite fille, elle prenait un livre, n'importe lequel, et atterrissait dans une histoire. C'était ainsi qu'elle voyageait. Les grandes fenêtres baignaient le salon de cette lumière si particulière, propre à Giverny. Ses yeux se posèrent sur la fresque au-dessus de la cheminée. Deux anges censés porter le secret du monde, lui avait dit un jour son père. Quel était ce secret ? Raphaëlle avait passé des heures à tenter de le découvrir, sans succès.

– Vous voulez le voir ? leur demanda Françoise. Il est en haut, dans sa chambre.

Raphaëlle resta interdite.

– Tu dois y aller, lui dit Fanny.

– Je ne peux pas, répondit-elle, terrifiée.

– Il est mort, Raphaëlle. Tu dois clore le cycle.

Raphaëlle était hagarde.

– Le cycle ? Mais il est clos depuis longtemps !

– Oui… dans la haine et le ressentiment. Je te parle de le clore en conscience.

– Mais quelle conscience ? demanda Raphaëlle, les larmes aux yeux. Joseph n'a jamais eu de conscience. Il ne m'a fait que du mal. Tu le sais bien, non ?

L'aide à domicile ne savait plus où se mettre.

– Ce n'est pas par rapport à lui que tu dois le faire, poursuivit Fanny. C'est pour toi. Pour te libérer.

– Je lui ai dit adieu il y a longtemps.

– Sauf que tu en as souffert, et que tu en souffres encore, ajouta Fanny. Crois-moi, si toute cette histoire était réglée, tu aurais accueilli la nouvelle de sa mort avec détachement, or ce n'est pas le cas.

Raphaëlle la fixait sans bouger.

– Viens, fais-moi confiance, lui dit son amie.

Fanny réussit à l'entraîner au premier étage. Sur le seuil de la chambre, Raphaëlle s'arrêta, le souffle court. Elle se surprit à compter les lames du parquet, comme lorsqu'elle était petite et que ses parents se disputaient.

1, 2, 3, 4… ils vont arrêter de crier… 180, 181, 182… tout va redevenir silencieux… 415, 416, 417…
Elle ferme les yeux.
Aidez-moi, je vous en supplie.

Fanny ouvrit la porte. Raphaëlle s'avança vers son père, qui reposait sur le lit. Ses yeux étaient fermés. Même dans la mort, il demeurait beau. Des souvenirs se bousculèrent dans sa tête.

Elle brandit une feuille de papier comme un trophée. C'est un dessin qu'elle a fait pour son père. Elle est fière, heureuse. Elle court dans le couloir pour lui montrer sa dernière œuvre, et s'immobilise devant la chambre de ses parents en entendant des éclats de voix. Elle est terrorisée. Elle veut rebrousser chemin, mais ne peut s'empêcher de glisser un œil par la porte entrouverte.
– Joseph, je t'en supplie, ne me laisse pas. J'ai besoin de toi…
– Je veux que toi et ta gosse vous fichiez le camp de cette maison immédiatement !
Sa mère éclate en sanglots et s'agrippe à son père. Il la repousse avec violence et sort de la chambre sans apercevoir Raphaëlle dans le corridor. Elle

entend la porte d'entrée qui claque, puis un bruit sourd venant de la chambre. Sa mère est par terre, en larmes. Elle s'avance, elle veut l'aider à se relever, mais sa mère la foudroie du regard.

– Tout ça, c'est de ta faute ! De ta faute !

– Parle-lui, dit Fanny. Ça va te faire du bien.

Raphaëlle sursauta. Elle resta quelque temps immobile, les poings serrés. Elle sentait son cœur lui brûler la poitrine. Elle hurla soudain :

– Tu n'es qu'un salopard ! Une ordure, un monstre ! Tu as fait du mal à tout le monde. À maman, à moi, à toutes les femmes que tu as approchées.

Elle essuya ses larmes d'un geste rageur.

– C'est de ta faute si maman est morte. Tu n'as jamais aimé personne d'autre que toi-même, tu n'as jamais su tisser le moindre lien avec personne. Et regarde-toi, maintenant. Ça valait le coup, toute cette merde ? Tu es mort, connard !

Un raclement de gorge la fit se retourner. Françoise était sur le pas de la porte, accompagnée du médecin qui venait constater le décès. Tous deux la regardaient, ébahis. Fanny alla à leur rencontre.

– Bonjour docteur, dit-elle le plus naturellement du monde. Comme vous pouvez le constater, nous avions encore deux ou trois choses à régler avec le défunt. Il est à vous, maintenant.

Elle se tourna vers Raphaëlle.

– Tu as fini ? Viens, on va attendre dehors.

Raphaëlle la suivit. Juste avant de sortir, elle s'arrêta à la hauteur du médecin.

– Vérifiez qu'il est bien mort, docteur.

Alors que l'homme la dévisageait, stupéfait, elle quitta la pièce en claquant la porte.

– Tu as une cigarette ? demanda-t-elle à Fanny.

– Depuis quand tu fumes ?

– Je ne fume pas. Donne-moi une cigarette.

Fanny lui tendit l'une des cigarettes fines qu'elle affectionnait. Raphaëlle l'alluma et tira dessus. Sa colère retomba d'un coup, et un vent glacé souffla dans son cœur. Elle tremblait de tous ses membres.

– Tu crois qu'il avait une âme ? demanda-t-elle à Fanny d'une voix saccadée. Les gens parlent de l'endroit où va l'âme après la mort. Mais pour ça, il faut déjà en avoir une…

– À mon avis, beaucoup la perdent en cours de route. Dans ces cas-là, les chamans pratiquent le recouvrement d'âme.

– Le quoi ?

– Pour les chamans, une personne peut perdre une ou plusieurs parties de son âme lors d'une blessure ou d'un choc émotionnel. À partir de cet instant, la personne n'est plus entière ; elle se sent mal, désincarnée. Le chaman va alors chercher les parties de son âme qui se sont perdues.

– Où ça ?

– Dans une autre réalité.

– Et mon âme à moi, où est-elle ? demanda Raphaëlle.

Elle écrasa sa cigarette à moitié consumée. Fanny marqua un silence et regarda autour d'elle.

– Peut-être dans cette maison…

Le médecin sortit de la chambre et tendit deux documents à Raphaëlle.

– Voici le certificat de décès et le certificat médical, vous en aurez besoin, lui dit-il. Vous avez fait le nécessaire pour le transfert du corps ?

Fanny l'entraîna vers l'escalier.

– Absolument, docteur. On s'en occupe.

Raphaëlle regarda les papiers. Cette fois, il n'y avait plus aucun doute, son père était bien mort. Elle retourna dans la chambre, et tout lui sembla soudain dérisoire. Cette vie que nous menons tambour battant, le mal que nous nous faisons les uns aux autres, les traumatismes qui se transmettent de génération en génération… Tout ça pour quoi ? À qui son père avait-il fait du bien dans sa vie ? Qui se souviendrait de lui avec chaleur ? Personne. Sa vie n'avait servi à rien. Elle se courba en deux, tétanisée par l'angoisse. Fanny la força à s'asseoir dans un fauteuil et l'aida à reprendre le contrôle de sa respiration.

– Tu te rends compte que j'ai trente-neuf ans et que je ne suis toujours pas libérée de lui ? murmura Raphaëlle.

– C'est le moment ou jamais.

– Mais comment ? J'aurais beau gueuler sur lui trois jours de suite, ça ne changerait rien. Tout ce qui s'est passé s'est incrusté en moi, je ne peux pas m'en défaire. Il n'aurait jamais dû être mon père.

– C'est vrai qu'ils ont un peu merdé là-haut au niveau du casting, ajouta Fanny, mais tu ne peux pas changer les choses.

– Je veux les changer. Modifier le passé, l'annuler.

– Tu ne peux pas, ma belle. Tu dois renoncer à avoir un passé meilleur. En revanche, ton futur n'attend que toi. Tu vas te sentir libérée maintenant, crois-moi. C'est une fantastique occasion de solder tes comptes et de passer enfin à autre chose.

Raphaëlle pleurait silencieusement. Ce qu'elle avait enfoui tout au fond d'elle, dans un recoin obscur et caché, se réveillait subitement et lui sautait à la gorge. Elle avait revu son père une seule fois, à Paris, quinze ans auparavant, avant de tirer définitivement un trait sur lui. Pourtant, aujourd'hui, en apprenant son décès, quelque chose en elle s'effondrait.

– Qu'est-ce que je vais faire de cette maison ? murmura-t-elle. Vider tout ça est au-dessus de mes forces.

– Je t'aiderai, ne t'inquiète pas.

– Je voudrais tout brûler et qu'il n'en reste rien.

Françoise frappa à la porte de la chambre.

– Excusez-moi de vous déranger, je dois y aller.

Elle s'approcha de Raphaëlle et sortit une enveloppe de son sac.

– Votre père a laissé ça pour vous.

Raphaëlle se figea aussitôt, regardant le pli sans pouvoir le saisir.

– Merci beaucoup pour votre aide, lui dit Fanny en prenant l'enveloppe, qu'elle posa sur les genoux de Raphaëlle.

Elle raccompagna Françoise jusqu'à sa voiture. Quand elle revint, Raphaëlle tournait et retournait la lettre entre ses mains. Pourquoi la lire maintenant ? Pourquoi ne pas la déchirer et tout oublier ? Son père ne lui avait jamais rien écrit de toute sa vie, pourquoi fallait-il qu'elle prenne connaissance de ce message alors qu'il venait de mourir et que tout était trop tard ?

– Ouvre-la, l'encouragea Fanny.

– Pourquoi ?

– Parce que tu veux l'ouvrir.

– Je ne veux pas le laisser me faire encore du mal.

– Alors laisse-moi la lire d'abord. Je la déchire immédiatement si ça peut te faire souffrir.

Raphaëlle lui tendit l'enveloppe. Fanny l'ouvrit avec précaution et la lut sans s'arrêter. Lorsqu'elle releva la tête, elle fit un sourire à son amie et lui rendit la lettre.

– Lis-la.

Raphaëlle respirait avec difficulté, ses mains tremblaient. Assise dans le fauteuil face à son père mort, elle commença sa lecture.

« Raphaëlle, ma fille,

Je suis un homme étrange, pardon. Un homme qui s'apprête à mourir et qui n'a désormais plus de temps que pour les regrets. Je n'étais pas fait pour être père, mais ça, tu l'as su bien avant moi. J'étais un aventurier, un fonceur, toujours à droite et à gauche, sans jamais penser au lendemain. Et aujourd'hui, regarde-moi…

Je me demande à quoi ont servi mes expéditions dans la forêt amazonienne, mes plongées sous-marines, mes loopings en avion, mes sauts en parachute, mes soirées arrosées, mes femmes et mes enfants… Mais il y a une chose que je ne me demande pas, c'est à quoi tu sers, toi. Je ne me le demande pas, parce que je le sais. Tu es la seule femme qui ait vraiment compté pour moi, la seule qui m'ait remis en question. À l'époque, je ne le supportais pas, mais je peux te dire maintenant que tu avais raison. J'étais bien trop con, bien trop préoccupé par moi-même et par tous les souvenirs que je voulais fuir. Je ne suis pas étonné que tu ne saches pas qui je suis, je ne le sais pas moi-même. J'ai passé ma vie à fuir toutes les prisons dans lesquelles je me suis enfermé. Je

n'ai pas su t'aimer, te protéger, te connaître. Pire, j'ai été odieux, égoïste, lâche. Je t'ai fait tant de mal que tu as décidé, il y a quinze ans, de ne plus jamais me revoir. Je crois que tu as bien fait. Il y a autre chose que je ne t'ai jamais dit, et que pourtant tu aurais aimé entendre de ma part : tes peintures sont fabuleuses. Je les ai toujours aimées, mais j'étais jaloux. Je te voyais avec ce don inné alors que j'étais dépourvu de tout talent. J'ai honte de tout ça. Je te demande pardon.
Si tu lis cette lettre, c'est que je suis passé de l'autre côté. Tu parles d'un père ! Je n'ai jamais aimé personne, je n'ai eu que des coups de cœur en série, des engouements momentanés, qui ne m'ont rien apporté de plus que de brèves jouissances inutiles, avant que je parte fabriquer de nouveaux vides ailleurs. Je crois que je ne laisse sur cette terre que des cœurs saccagés. Des cœurs de femme, surtout, et ton cœur à toi. Je sais que le mal est fait et que tout est trop tard désormais, mais je veux te demander pardon. Je n'ai pas grand-chose à te laisser (comme tu le sais, l'argent et moi, ça a toujours été compliqué), mais il me reste un bien que j'ai su préserver pendant toutes ces années, une chose que je veux t'offrir pour atténuer un peu cet énorme gâchis. Cette chose, c'est cette maison dans laquelle je m'éteins, ce Clos des Anges, que tu avais toi-même baptisé.

C'est le seul point fixe de ma vie, le seul endroit où je suis toujours revenu, quoi qu'il arrive. Je sais que tu l'aimais, alors je te le donne, comme mon père me l'a donné avant ta naissance, et comme son père et son grand-père l'ont fait avant lui. Mon notaire est au courant, il te donnera tous les documents nécessaires. Je sais que, dans un premier temps, tu vas vouloir te débarrasser de lui et de tout ce qui te relie d'une manière ou d'une autre à moi, qui pourrait t'en vouloir ? Mais je t'en prie, ne prends pas de décision hâtive. Attends un peu et réfléchis. Cette maison est spéciale, et ça n'a rien à voir avec moi. Elle a toujours été spéciale. Je sais que tu y as été malheureuse quand tu étais enfant, mais c'est une maison magique, je t'assure. Chaque fois que j'y suis revenu, j'en suis reparti plus fort. Elle m'a donné du bonheur, alors que je ne lui ai pas donné grand-chose, comme à mon habitude. Passe quelques jours dans la maison, sens-la et prends tout ton temps.
Écoute la petite musique du Clos des Anges et sois heureuse, Raphaëlle.
Joseph (ton père qui n'en a pas été un et qui te demande pardon) »

Des larmes coulaient en silence sur les joues de Raphaëlle. Elle tenait entre ses mains la seule marque d'intérêt et d'affection que lui ait jamais adressée son père. Elle leva les yeux vers le corps du défunt et fut traversée par un sanglot. Elle ne savait plus où elle en était. Son passé et son présent se mêlaient, ne formant plus qu'un seul temps, vague et confus, rempli d'une douleur si intense qu'elle ne pouvait y faire face. Hier encore, son père n'existait plus pour elle ; aujourd'hui, la bombe de sa perte explosait dans sa poitrine. Elle tenta de reprendre son souffle sans y parvenir. Elle regarda autour d'elle. Tout lui sembla lointain. Elle n'avait plus prise sur rien. Un gouffre béant déchirait ses entrailles pendant que montait en elle une douleur de petite fille qui n'avait jamais pu être formulée. La vie entière se dérobait.

– Aimons-nous vivants, comme dirait l'autre ! lança Fanny pour détendre l'atmosphère.

Raphaëlle sourit tristement à travers ses larmes et regarda autour d'elle. La chambre était étouffante. Elle se leva, ouvrit la fenêtre et respira l'air du jardin. Il avait plu. La senteur des fleurs et de la terre mouillée lui fit du bien.

– Qu'est-ce que tu veux que je fasse de cette maison ? Elle est beaucoup trop grande.

– Tu n'as pas à décider maintenant. Pour une fois que Joseph dit quelque chose de sensé ! C'est trop tôt.

– Mais comment veux-tu que j'entretienne un endroit pareil ? Inutile de réfléchir !

– On verra ça plus tard.

– Qu'est-ce qu'on va faire du corps ? demanda soudain Raphaëlle.

– J'ai appelé le crématorium. Ils vont venir le chercher pour le mettre dans une chambre funéraire en attendant la crémation. Françoise a préparé des vêtements.

– Il va être réduit en cendres ?

– C'est l'idée de base de la crémation, répondit Fanny.

– Si tu savais combien de fois j'ai rêvé de le voir réduit en cendres…

– Alors, tu vas être servie !

Raphaëlle s'appuya contre le mur pour ne pas s'effondrer. Comment allait-elle pouvoir supporter tout ça ? Elle se sentait vide, comme si un immense trou noir avait pris la place de son cœur et l'aspirait.

Elle se laissa de nouveau tomber dans le fauteuil.

– Et les cendres, qu'est-ce qu'on va en faire ?

– Je n'en sais rien. Chaque chose en son temps. Tu es toujours dans l'après, essaye de vivre le moment.

– Je ne sais pas comment on fait, répondit Raphaëlle.

– Sois juste là, dans cette chambre, auprès de ton père mort qui vient de t'écrire une belle lettre et de te dire enfin ce que tu avais besoin d'entendre.

– Mais j'ai trente-neuf ans, Fanny !
– Et alors ?
– Tout ce temps perdu…
– Et le temps retrouvé, tu en fais quoi ?
– Pourquoi tu vois toujours le positif ? lui demanda Raphaëlle.
– Parce que, sinon, on va droit dans le mur ! Je sais que tu as eu une relation épouvantable avec Joseph toute ta vie, mais il est mort et il t'a écrit une lettre inattendue, dans laquelle il te dit enfin des choses importantes. En plus, il te lègue cette magnifique maison. C'est positif, non ?
Raphaëlle resta silencieuse, les genoux repliés sous le menton. Elle était en proie à une totale confusion, elle ne savait plus quoi penser. Elle se sentait tiraillée, bouleversée par ce chagrin qu'elle ressentait alors qu'elle était folle de rage contre ce père qui lui avait fait tant de mal. Elle leva la tête vers son amie.
– C'est juste que j'aurais eu besoin d'entendre tout ça il y a des années…
Fanny vint s'asseoir près d'elle, sur un des bras du fauteuil.
– Je sais, mais ça ne s'est pas passé comme ça. Je te l'ai déjà dit : pour avancer, on doit tous renoncer à avoir un passé meilleur. Sinon, on est cuits !
– Tout ça arrive trop tard, je suis vieille maintenant.

– À vingt-cinq ans, tu te sentais déjà vieille… ça ne veut rien dire. Tu es vivante et pleine d'énergie, c'est la seule chose qui compte.

– Ce que je veux dire, c'est que, si les choses avaient été différentes, j'aurais…

– Tu aurais quoi ? lui demanda Fanny.

– J'aurais fait autrement… mon ex-mari, mes choix… toute ma vie.

– Ça y est, tu recommences.

– Je recommence quoi ?

– À vouloir un passé meilleur.

– Tu n'en veux pas un, toi, de passé meilleur ? demanda Raphaëlle.

– Si, j'adorerais.

– Et alors ?

– Alors, il y a juste un petit problème : c'est impossible !

Raphaëlle regarda son amie se lever pour chercher dans son sac une de ses cigarettes fines.

– Il faut passer à autre chose, avancer, poursuivit Fanny, essayant de faire fonctionner son briquet à plusieurs reprises.

– Et mes relations avec les hommes, Fanny… c'est un désastre… j'ai toujours été incapable de leur faire confiance. Et puis, tu l'as dit toi-même ce matin, je suis frigide. Ça fait trois ans que je n'ai pas… J'étais belle, je plaisais, mais je n'ai rien fait de tout ça.

– Pourquoi parler au passé quand tu évoques ta beauté ? Tu es magnifique, Raphaëlle, et tu plais toujours aux hommes.

– Mais à quoi ça sert si je ne les laisse pas s'approcher ?

– Ça peut changer maintenant, dit Fanny. Grâce à cette lettre. Elle va te libérer, crois-moi. Ne bouge pas, j'arrive tout de suite.

Fanny descendit l'escalier quatre à quatre et revint quelques minutes plus tard avec une bouteille de champagne et deux coupes.

– J'étais sûre que ton père en gardait au frais. Il avait peut-être tous les défauts de la terre, mais on ne peut rien lui reprocher côté champagne !

Elle fit sauter le bouchon et remplit les coupes.

– Allez, à ta nouvelle vie !

Elle leva son verre en direction du mort.

– À ta nouvelle vie à toi aussi, Joseph ! dit-elle.

– J'espère qu'il fera moins de dégâts là où il va, murmura Raphaëlle en trempant ses lèvres dans le veuve-clicquot.

Lorsque les employés du crématorium vinrent chercher le corps de Joseph pour le mettre en chambre funéraire, ils trouvèrent Fanny et Raphaëlle, coupes toujours à la main, devant le corps du défunt. Elles avaient les joues rouges et pouffaient de rire pour un rien. Elles proposèrent aux hommes en costume noir le fond de la bouteille de champagne, mais ils eurent la sagesse de refuser et emportèrent le corps de Joseph le plus vite possible. Dehors, la nuit était tombée et les arbres semblaient dresser leurs branches vers les premières étoiles.

4

La crémation eut lieu trois jours plus tard à Évreux. L'employé avait demandé à Raphaëlle si elle souhaitait prendre la parole, mais elle avait décliné la proposition, se contentant de choisir trois chansons pour accompagner le dernier voyage de son père. Elle était lasse et ne ressentait plus rien. La salle aux murs blancs était déserte, les bancs de bois alignés étaient vides. Personne ne s'était déplacé pour dire un dernier au revoir à Joseph. Il n'avait vécu que pour lui, il mourait seul. Au milieu de la première chanson, la porte s'ouvrit et un homme brun à la stature imposante pénétra dans la salle. Il semblait très affecté. Il fit un signe de tête à Raphaëlle et à Fanny, et alla s'asseoir. Elles échangèrent un regard interrogatif. Les dernières notes de musique résonnèrent.

– Est-ce que quelqu'un veut dire quelques mots ? demanda l'employé du crématorium.

Raphaëlle et Fanny secouèrent la tête, mais l'homme qui venait d'arriver se leva et se dirigea vers le pupitre.

– Il sort d'où, celui-là ? demanda Fanny à Raphaëlle.

– Aucune idée, répondit-elle.

Il regarda le cercueil avec tristesse. La photo que Raphaëlle avait posée dessus montrait un Joseph souriant et plein de vie. L'homme semblait éprouvé. Il se racla la gorge et garda le silence un moment.

– Joseph, dit-il avec émotion, tu t'es éteint pendant que j'étais parti trois jours à Lyon, chez ma sœur. Je ne suis pas à l'aise avec les discours, tu le sais, mais je veux te dire combien tu vas me manquer.

Il passa la main dans ses cheveux. Il avait l'air perdu.

– Tu as été comme un père, pour moi, reprit-il. Et un ami, surtout.

Raphaëlle écarquilla les yeux, sidérée.

– Penser que tu ne seras plus là est inconcevable pour moi. Tu m'as appris pratiquement tout ce que je sais. Je ne serais pas l'homme que je suis si je ne t'avais pas rencontré.

Fanny se pencha vers Raphaëlle.

– Il parle de notre Joseph ou il s'est trompé de salle ?

– C'est complètement fou…

– C'est un jour sombre pour tous ceux qui t'aimaient, poursuivit l'homme.

– C'est-à-dire pour personne, marmonna Raphaëlle.

– Tu seras toujours dans mon cœur, acheva l'homme. Au revoir, Joseph, repose en paix.

Il retourna s'asseoir, suivi des yeux par les deux femmes, interloquées.

– Vous pouvez maintenant passer devant le cercueil pour un dernier au revoir à Joseph, et faire un geste si vous le souhaitez, en fonction de vos croyances.

Fanny se leva la première et s'avança vers le cercueil. Elle tapa dessus trois fois, comme au théâtre.

– Au revoir, Joseph, chuchota-t-elle.

Raphaëlle s'avança à son tour et resta plantée devant le cercueil, incapable de faire le moindre geste. L'angoisse lui coupait le souffle. Elle s'appuya sur son amie pour ne pas défaillir.

– Dis-lui au revoir, chuchota Fanny.

Raphaëlle effleura le cercueil. Pendant un instant, elle eut l'impression de sortir de son corps et d'assister à cette scène de très loin. Elle se vit au-dessus d'elle-même, une main posée sur le cercueil, et se demanda ce qu'elle faisait là, puis sa perception des choses redevint normale.

– Au revoir, Jo, murmura-t-elle d'une voix étranglée.

Elle se sentait cernée par ce passé qu'elle avait tant cherché à fuir. Un mélange de chagrin et de colère brûlait dans sa poitrine. L'homme s'avança à son tour et embrassa le cercueil.

– Je vais maintenant procéder à la crémation. Je reviendrai dans quelques minutes, dit l'employé du crématorium.

Les portes coulissèrent et le cercueil disparut. Raphaëlle ferma les yeux en s'accrochant au bras de Fanny. L'employé revint quelques instants plus tard dans la salle.

– Joseph vient d'effectuer son dernier voyage… Je vous présente une nouvelle fois toutes mes condoléances.

Il sortit. Raphaëlle et Fanny restèrent seules avec le mystérieux homme brun. Fanny s'avança vers lui.

– Excusez-moi, vous êtes… ? lui demanda-t-elle.

– Paul Haudecœur. Je m'occupe du jardin du Clos des Anges.

Il lui tendit la main.

– Fanny Lane, répondit-elle en la serrant. Et voici…

Raphaëlle lui coupa la parole.

– Raphaëlle Lescuyer, la fille de Joseph, dit-elle en le regardant droit dans les yeux.

Une expression qu'elle ne put déchiffrer passa sur son visage.

– Je suis très heureux de faire votre connaissance, lui dit-il.

Elle remarqua ses yeux bleus. Quelque chose de magnétique se dégageait de lui. Elle était troublée.

– Il va beaucoup nous manquer, ajouta-t-il.

– Nous manquer ? hoqueta Raphaëlle, en proie à une soudaine colère. Mais Joseph ne manquera à personne !

Il la regarda sans comprendre.

– Il n'a jamais aimé que lui, poursuivit-elle d'une voix sourde.

– J'ai l'impression que nous n'avons pas connu le même homme…

– Vous parlez bien de Joseph Lescuyer ? demanda Fanny.

– Oui, bien sûr !

– Que diriez-vous de venir prendre un verre avec nous ? lui proposa Fanny. Nous devons attendre les cendres, et il y en a au moins pour deux heures.

Raphaëlle lui jeta un regard noir.

– Avec plaisir, répondit Paul.

Ils quittèrent le crématorium et s'assirent à la terrasse du petit café qui se trouvait sur la place, déserte à cette heure.

– Depuis quand connaissiez-vous Joseph ? lui demanda Fanny.

– J'avais une vingtaine d'années quand je l'ai rencontré et j'en ai quarante-cinq aujourd'hui. Je vous laisse faire le calcul.

– Vous l'avez connu comment ? lui demanda Raphaëlle.

– Disons qu'il m'a en quelque sorte sauvé la vie.

Les deux femmes le regardèrent avec étonnement.

– À l'époque, je traînais avec une bande. On ne faisait pas grand-chose de nos vies, on vivait dans un squat, on était paumés. Joseph passait souvent devant nous et s'arrêtait pour bavarder. Il ne nous faisait jamais de leçon de morale, on parlait de la vie, de ses expériences… Un jour, il m'a proposé de passer chez lui pour que je l'aide à déménager des meubles. J'ai commencé à faire des petits travaux, plâtre, plomberie, ce genre de choses. Par la suite, il m'a proposé de m'occuper du jardin. J'ai lu tout ce que j'ai pu trouver sur les plantes, et je me suis lancé. J'apprenais, je me faisais la main. Grâce à lui, j'ai fait un CAP de jardinier agricole paysagiste. Il faut croire que j'étais doué, parce que depuis je n'ai pas arrêté de travailler. J'ai même eu le privilège de travailler sous la direction de Gilbert Vahé, le chef jardinier de la maison de Claude Monet. Ça a été une expérience extraordinaire. Joseph était comme un père pour moi.

– C'est drôle, parce qu'il a été tout sauf un père, pour moi, dit Raphaëlle avec amertume.

– Mais il t'a écrit une belle lettre avant de mourir. Il y a ça, et la maison qu'il te lègue, intervint Fanny.

– J'ai fait pas mal de travaux au Clos des Anges, dit Paul. C'est un endroit exceptionnel. Vous avez beaucoup de chance d'en hériter.

– Je vais m'en débarrasser, lui répondit Raphaëlle d'un ton vif.

– Vous plaisantez ? dit-il, interloqué.

– Absolument pas. Je ne veux pas de cette maison.

– Mais pourquoi ?

Fanny répondit à sa place.

– Les relations de Raphaëlle avec Joseph ont été très compliquées. Le Joseph que vous avez connu ne ressemble pas vraiment à celui que nous connaissions.

Paul regarda Raphaëlle avec attention.

– La maison est en excellent état, insista-t-il. Vous devez la garder, je ferai tout pour vous aider. Réfléchissez, je vous en prie.

– C'est tout réfléchi, répondit Raphaëlle, qui n'avait pas l'intention de se laisser attendrir. Je la vends.

Paul lui attrapa fermement le bras.

– Vous commettez une erreur, croyez-moi. Cette maison a une âme. Ne la vendez pas.

Elle se dégagea et le regarda droit dans les yeux.

– Je fais ce que je veux.

Il se leva, s'inclina devant elles et tendit sa carte à Raphaëlle, qui resta immobile.

– Je vous attends dans la maison, appelez-moi si nécessaire. Je vous indiquerai où votre père voulait qu'on mette ses cendres.

Fanny prit la carte et la mit d'office dans le sac de son amie.

– À tout à l'heure, mesdames.

Elles le suivirent des yeux en silence.

Lorsque l'employé du crématorium tendit l'urne à Raphaëlle, qui venait de signer les derniers formulaires, elle la fixa du regard sans bouger. Fanny s'en saisit, se dirigea vers la voiture et ouvrit le coffre pour l'y déposer.

– Non ! s'écria soudain Raphaëlle. Pas dans le coffre…

Elle prit l'urne et s'assit dans le véhicule du côté passager. La voiture démarra. Pendant que le paysage défilait, Raphaëlle ne quittait pas des yeux l'urne posée sur ses genoux. Ça y est, Joseph était réduit en cendres… Ce qu'elle avait si souvent espéré au cours de toutes ces années déchirées s'était finalement réalisé. Pourtant, elle ressentait un chagrin froid, impossible à pleurer. Ses larmes formaient des vagues qui mouraient avant d'atteindre le rivage. Pleurer pour qui ? Pour quoi ? Le décès de Joseph lui permettait de prendre du recul par rapport à sa propre vie, d'en embrasser les contours avec une distance qu'elle n'avait jamais pu avoir jusqu'à présent. Prise dans son propre tourbillon, elle avait agi, réagi, colmaté ses brèches. Aujourd'hui, autre chose émergeait. Celui contre lequel elle s'était construite, qu'elle avait combattu et fui, n'était plus. Elle avait à la fois le sentiment d'une libération et celui d'un immense gâchis.

Qui es-tu, Raphaëlle Lescuyer ?

Ses certitudes se fissuraient, son paysage intérieur changeait, ses perceptions se modifiaient. Soudain, elle eut peur. Avait-elle passé trente-neuf ans dans un corps qui n'était pas le sien, à vivre une vie qui n'était pas la sienne ? S'était-elle trompée sur tous les points ? Qu'y avait-il de réel dans son existence ? La personnalité de Joseph l'avait marquée au fer rouge. Il avait été l'absent le plus présent de sa vie. Elle réalisait à quel point il avait compté dans sa trajectoire, à quel point ce manque d'amour initial avait été fondateur pour elle. Sa vie entière ressemblait à une fuite, et aujourd'hui il était dans cette urne scellée. Tout lui semblait absurde. Et maintenant ? Qu'allait-il se passer ?

Elle songea à la lettre de Joseph. Pourquoi n'avait-il jamais cherché à la revoir ? Plus de quinze ans s'étaient écoulés depuis qu'elle avait mis un terme à leur relation. Quinze années sans un mot, sans un geste de réconciliation. Pourtant, sa lettre laissait penser qu'il avait réfléchi, et compris certaines choses. Pourquoi, alors, ne pas avoir tenté de renouer avec elle ? C'était absurde ! Vivant, il avait été froid et destructeur ; mort, il devenait plus père qu'il ne l'avait jamais été. Mais c'était trop tard.

Certains passages de la lettre de son père lui revinrent en mémoire.

« Cette maison est spéciale, et ça n'a rien à voir avec moi. [...] Je sais que tu y as été malheureuse quand tu étais enfant, mais c'est une maison magique, je t'assure. [...] Passe quelques jours dans la maison, sens-la et prends tout ton temps.
Écoute la petite musique du Clos des Anges et sois heureuse, Raphaëlle... »

« Sois heureuse... » Est-ce que le bonheur est une décision qu'on prend, quelque chose qu'on décrète une fois pour toutes et qui se produit dans la foulée ? Est-ce que c'est comme faire ses cartons et déménager du malheur pour s'installer dans un endroit lumineux et douillet ? Déménager du malheur... Raphaëlle eut envie de rire. Elle était à un tournant de son existence, et n'avait comme points de repère qu'une urne pleine de cendres, une lettre et une grande maison dont elle ne savait que faire.

Fanny arrêta la voiture devant le portail.

– J'arrive tout de suite, lui dit Raphaëlle.

Elle pénétra dans la maison avec l'urne, qu'elle s'empressa de déposer sur la table du salon en faisant en sorte de ne pas regarder autour d'elle. Un bruit la fit sursauter. Elle leva la tête et vit Paul s'avancer vers elle. Elle détourna le regard tout en désignant les cendres.

– J'allais vous laisser un mot. Est-ce que vous pourriez vous en occuper ? Les mettre quelque part, dans le jardin ? dit-elle d'une voix sans timbre.

Il eut un mouvement de surprise.

– Vous ne voulez pas qu'on le fasse ensemble ?

– Je ne peux pas, répondit-elle. C'était votre ami, alors faites-le. Moi, ça m'est égal.

Il l'observa en silence. Raphaëlle entendait les pensées qu'il ne formulait pas et eut soudain envie de le provoquer pour laisser sortir la rage qui la consumait. Il ne lui en laissa pas le temps : il prit l'urne et sortit par la porte-fenêtre qui donnait sur le jardin. Juste avant de la refermer, il se tourna vers elle.

– Prenez soin de vous, lui dit-il d'une voix douce.

Raphaëlle resta seule dans le salon. Des larmes coulaient silencieusement en elle, emportant son chagrin et sa colère dans un tourbillon de douleur.

5

Raphaëlle voulait ne plus penser à rien. Retourner dans le monde de la création, tout oublier, ne plus se laisser atteindre. Elle devait reprendre son travail là où elle s'était arrêtée quand l'aide à domicile de son père l'avait appelée pour lui apprendre la mort de son père. Elle prit son pinceau et prépara ses couleurs. Son esprit s'égarait, elle n'arrivait pas à maîtriser ses pensées, qui retournaient sans cesse à Giverny. Le Clos des Anges, la mare magique, la haie d'honneur, l'escalier en bois bleu, la fresque au-dessus de la cheminée, la lumière du salon, son père étendu sur le lit… Le sel de ses larmes était comme de l'acide qui brûlait sa peau. Elle mit du jaune d'or sur sa palette, le travailla et approcha son pinceau du visage de la femme. Elle croisa son regard triste et s'immobilisa, soudain incapable d'y toucher. Ses mains tremblaient, tous ses membres étaient raides. Que se passait-il ? Elle se leva, ouvrit la fenêtre et se passa de l'eau sur le visage. Elle croisa son reflet dans le miroir et eut un sursaut : elle était livide, et ses grands yeux verts ne reflétaient rien d'autre qu'une immense détresse. Elle détourna le regard et se força à se rasseoir devant sa toile. Il fallait qu'elle y arrive, que le monde entier disparaisse et qu'elle entende à nouveau de la musique. Malgré toutes ses tentatives, elle n'y parvint pas. Elle restait immobile, irradiée de l'intérieur par une terrifiante douleur. Elle passa les trois jours suivants prostrée dans son appartement, face à sa toile inachevée, incapable de créer. Elle refusait obstinément de retourner à Giverny. Fanny fut contrainte de lui poser un ultimatum.

Une semaine plus tard, la voiture s'arrêtait devant le Clos des Anges. Raphaëlle avait insisté pour que Fanny arrête la voiture devant le portail de la maison. Elles le franchirent à pied, empruntèrent la haie d'honneur et contournèrent la mare magique. Le mois de mars était clément. Elles passèrent devant la table en fer forgé, sur la terrasse, un peu en contrebas. Raphaëlle regarda la maison et fut étonnée de la trouver si belle. La façade de pierre rose se couvrait par endroits de lierre, et le beau bleu des volets et de l'escalier en bois qui menait au perron complétait l'harmonie. Pour la première fois depuis le décès de Joseph, elle réalisa que c'était dorénavant sa maison. Elle était loin de s'en réjouir ; au contraire, c'était pour elle une charge. Qu'allait-elle en faire ? En rejoignant Fanny dans le jardin coloré, elle fut envahie par une émotion d'enfance.

Elle serpente entre les fleurs colorées et danse sur la musique qu'elle entend dans sa tête. Elle se sent libre, joyeuse. Rien, jamais, ne pourra plus l'atteindre. Par la fenêtre entrouverte, des éclats de voix lui parviennent soudain. Elle met les mains sur ses oreilles, pour ne plus entendre les cris de ses parents qui se disputent. Elle tourne sur elle-même à toute vitesse, elle veut s'envoler loin d'ici.
Un jour, il n'y aura plus rien de mal. Un jour, le monde ne sera plus jamais moche.

Raphaëlle gravit l'escalier en bois et s'immobilisa devant la porte, trousseau de clés à la main, incapable d'entrer. Qui sait, le fantôme de Joseph rôdait peut-être dans les parages ? Son corps se verrouillait, elle se sentit envahie par l'angoisse.

– Je ne peux pas, fit-elle.

– Tu n'es pas seule, Raphaëlle. Je suis là.

– Vas-y, toi, répondit-elle à son amie en lui tendant les clés. Je vais marcher un peu dans le jardin.

– Tu es sûre que tu ne veux pas que je reste avec toi ? lui demanda Fanny.

– Ça va, je t'assure. J'ai juste besoin d'air.

– Entendu. Je commence sans toi. Appelle-moi si tu as besoin de moi.

– Merci.

Pendant que Fanny pénétrait dans la maison, Raphaëlle se dirigea vers la véranda. C'était une belle pièce entourée de baies vitrées, construite sur le côté de la maison. Des traces de peinture fraîches indiquaient qu'elle avait été remise à neuf récemment. Sans doute l'œuvre de Paul. Des tiges de jasmin d'hiver s'entremêlaient sur le toit. La porte était ouverte. Elle entra. Les rideaux blancs étaient noués à mi-hauteur. Sur la droite, une méridienne en velours parme tachetée de lumière. Contre la vitre, une commode en bois vert à deux tiroirs sur laquelle étaient disposés quelques livres, des objets, des photos. Raphaëlle s'approcha. Il n'y avait aucune photo d'elle ni de sa mère. Seulement des plages, des forêts, une montagne couverte de neige… sans doute des endroits du monde parcourus par Joseph. Des fauteuils, en velours eux aussi, étaient disposés sur toute la longueur de la véranda. À côté d'eux, un guéridon en bois clair, une table basse et un lampadaire qui s'inclinait, comme pour chuchoter quelques secrets anciens. La décoration avait changé, mais Raphaëlle retrouvait l'atmosphère si particulière qui avait baigné son enfance. Un lieu magique, auquel se mêlait une indescriptible souffrance. Un paradis éclaboussé de sang. Une petite boîte en bois couleur miel, dissimulée derrière le cadre d'une photo, attira son attention. Elle lut l'inscription :

Angel to go. Elle l'ouvrit. À l'intérieur, un ange en porcelaine.

Son front est collé contre la vitrine d'un magasin de la rue Claude-Monet. Elle ne peut détacher son regard de l'ange aux ailes d'or, posé sur sa petite boîte. Hypnotisée, elle entre dans le magasin. C'est à peine si la voix dure de sa mère parvient jusqu'à elle. La vendeuse est grande et mince. Ses cheveux bruns entourent son visage. Ses yeux noirs rencontrent les siens. Elle lui sourit et dépose l'ange dans sa main.

– Prends-le, il est pour toi, lui chuchote-t-elle. Garde-le toujours, il t'aidera.

Sa mère pénètre dans la boutique et l'attrape par le bras pour la tirer dehors. Elle se retourne et croise une dernière fois le beau regard de la femme. La petite boîte est dans sa poche, et l'ange toujours au creux de sa main.

Le cri d'un merle fit revenir Raphaëlle à elle. Le soleil cognait contre les baies vitrées. Il fit soudain trop chaud dans la véranda. Elle mit la boîte et l'ange dans son sac et sortit.

Elle descendit en contrebas de la maison. Une allée couverte d'herbes et de mousse serpentait devant elle. Elle l'emprunta et arriva dans le sous-bois. La maison n'était plus en vue. Une odeur de terre mouillée s'évaporait du sol. Tout était calme et tranquille. Une brise légère faisait danser les feuilles des arbres, laissant apparaître par instants des petits carrés d'un bleu pur. Elle s'avança et arriva dans une clairière. Le soleil s'étirait sur l'herbe parsemée de marguerites. Ses yeux se posèrent sur le banc de pierre sur lequel, enfant, elle faisait ses devoirs. Quelqu'un y était allongé. Elle s'arrêta net, faisant craquer une branche sous son pied. Paul Haudecœur se redressa.

– Bonjour, lui dit-il en souriant. Que faites-vous là ?

– C'est plutôt à vous qu'il faut demander ça, répondit-elle sèchement.

– À vrai dire, je dormais !

Ses yeux bleus, intenses, la scrutaient. Elle songea soudain que Joseph aurait peut-être repris contact avec elle si Paul n'avait pas été là. Que pesait-elle face à ce fils adoptif envers lequel il n'avait aucune responsabilité, et qui de surcroît l'aidait dans les travaux quotidiens de sa maison ? Joseph avait toujours été malin. Il séduisait n'importe qui avec sa beauté et son bagout, avant de passer à un autre désir, à une autre séduction, dès qu'il avait obtenu ce qu'il voulait. Comment sa relation avec Paul avait-elle pu durer aussi longtemps ? Joseph n'avait jamais eu de relation durable. Elle hésita, mais ne put résister à la tentation de lui poser la question qui lui brûlait les lèvres.

– Je voulais savoir… est-ce que… est-ce que Joseph vous parlait de moi ?

– Non, répondit Paul.

Raphaëlle accusa le coup.

– Vous ne saviez pas qu'il avait une fille ?

– J'avais compris certaines choses, notamment qu'il avait un passé et qu'il l'avait fui.

– Vous ne vous demandiez pas pourquoi ?

– Si, parfois, répondit Paul.

– Et vous ne lui posiez pas de questions ?

– Non, je le laissais venir. S'il ne m'en parlait pas, c'est qu'il avait ses raisons, et je respectais ça.

Raphaëlle sentait la brûlure de la colère dans son bas-ventre.

– Et ça ne vous posait pas de problème ? lui demanda-t-elle.

– Quel genre de problème ?

– D'être ami avec un salaud, dit Raphaëlle d'une voix sourde.

– Votre père n'était pas un salaud.

– Qu'est-ce que vous en savez ? s'écria-t-elle. C'est facile, pour vous. Vous avez débarqué dans sa vie sans avoir aucun lien avec lui, et en plus vous lui rendiez service. Joseph était malin, croyez-moi. S'il vous a ouvert sa porte, c'est parce qu'il avait compris que vous étiez paumé et que vous pourriez l'aider à entretenir sa maison. Il ne pensait qu'à lui.

– C'est votre opinion.

La placidité de Paul la mit hors d'elle.

– Je le connaissais mieux que vous. Je vous rappelle que c'était mon père. Vous voulez savoir qui était vraiment Joseph ? Vous voulez que je vous raconte ce qu'il nous a fait, à ma mère et à moi ?

– Je comprends parfaitement que vos relations avec Joseph aient été détestables, et croyez-moi, j'en suis peiné et désolé.

Elle lâcha son sac, qui tomba à ses pieds.

– Peiné et désolé ? Mais qu'est-ce que vous voulez que ça me foute ? hurla Raphaëlle.

– Je vous en prie, essayons de faire en sorte que cette conversation reste courtoise.

Raphaëlle était sans voix. Il poursuivit.

– Je n'avais pas besoin que votre père soit un saint pour l'aimer. Chacun a ses zones d'ombre et ses contradictions.

– Vous appelez ça « des contradictions » ? Joseph a gâché ma vie et celle de tous ceux qu'il a approchés, et c'est tout l'effet que ça vous fait ?

– Je vous l'ai dit, je suis désolé de tout ça, mais je suis un gars de la terre, un pragmatique. Ce que je vois, aujourd'hui, c'est que votre père vous a laissé un endroit magnifique. Et une lettre, si j'en crois ce que disait votre amie l'autre jour.

– Et alors ? répondit Raphaëlle.

– Alors, ce n'est pas rien. Le passé, vous ne pouvez pas le changer, mais ce que vous allez décider de faire maintenant vous appartient.

Raphaëlle eut l'impression d'entendre Fanny. Elle et Paul semblaient si sages… Elle se sentit minable, pleine de ressentiment, et cela décupla sa rage…

– Vous auriez dû le questionner, fouiller dans son passé, l'obliger à voir la réalité en face. C'est le rôle d'un ami. Au lieu de ça, vous êtes resté passif et vous avez cautionné ses actes.

– Je n'ai rien cautionné. Je l'ai simplement accepté, en l'aimant comme il était.

– En l'aimant ? s'étouffa-t-elle. Mais Joseph n'a jamais eu la moindre idée de la signification du mot « amour » !

– Je comprends que vous pensiez cela, répondit-il.

– Vous n'auriez jamais dû l'aimer, hurla-t-elle. Si vous n'aviez pas été là, il aurait fini ses jours seul comme un rat, c'est tout ce qu'il méritait. Au lieu de ça, votre présence et votre amitié ont adouci sa vie, alors qu'elle aurait dû être un long calvaire qui lui remette enfin les yeux en face des trous !

Paul avait compris que Raphaëlle visait son père à travers lui, mais il fut surpris de l'intensité de sa haine. Rageuse, elle fit demi-tour pour rejoindre la maison, mais son pied gauche se tordit. Elle perdit l'équilibre en laissant échapper un cri de douleur. Il s'approcha d'elle.

– Montrez-moi votre pied, lui dit-il.

– Fichez-moi la paix !

Sans l'écouter, il souleva le bas de son pantalon et observa sa cheville, qui commençait à enfler.

– Vous vous êtes fait une petite entorse. Je vais m'en occuper.

– Laissez-moi tranquille, cracha-t-elle avec hargne.

– Ne vous inquiétez pas.

– Qu'est-ce que vous allez faire ?

– Une apposition des mains.

Elle eut un mouvement de recul.

– Vous êtes magnétiseur ?

– Je fais ça de temps en temps, quand on me le demande, répondit-il.

– Je ne vous ai rien demandé, lui rétorqua Raphaëlle d'un ton sec.

– Votre cheville est en train d'enfler. Laissez-moi faire, ça va vous soulager.

– Je n'ai pas besoin de vous. Fanny est énergéticienne, elle va s'occuper de moi.

– Allongez-vous, vous serez mieux, lui dit-il.

– Je suis très bien comme ça.

Il posa ses mains sur elle. Une douce chaleur se propagea dans toute sa jambe. Il fit ensuite des passes de haut en bas, pour drainer le mal et le rejeter à l'extérieur des tissus. La douleur s'estompa peu à peu. Quinze minutes plus tard, l'enflure de la cheville avait entièrement disparu.

– Comment vous sentez-vous ? lui demanda Paul.

– Mieux, répondit-elle à contrecœur.

Il se mit debout et lui tendit la main pour l'aider. Elle l'ignora, et se releva toute seule. Elle n'avait plus mal.

Ils marchèrent en silence en direction de la maison, et trouvèrent Fanny assise sur les marches de l'escalier bleu, en train de fumer une cigarette.

– Vous aviez raison, Paul, dit Fanny. Cette maison a une âme.

– Vous êtes allée au grenier ? lui demanda-t-il.

– Pas encore.

– Je vous y emmène ? proposa-t-il.

Raphaëlle était excédée.

– Nous pouvons très bien y aller sans vous. C'est ma maison, maintenant, dit-elle.

– Paul la connaît beaucoup mieux que nous. Nous avons tout intérêt à ce qu'il nous en montre chaque recoin, intervint Fanny.

Elle tira une dernière bouffée, écrasa son mégot et suivit Paul dans la maison. Raphaëlle leur emboîta le pas sans un mot. Ils empruntèrent l'escalier et arrivèrent dans le grenier. Les grandes fenêtres, qui s'étalaient sur presque toute la longueur du mur, et le plancher de lattes bleues, sur lequel était posé un tapis coloré, le rendaient lumineux. Les hautes poutres claires se rejoignaient en arcades. La décoration avait changé, mais Raphaëlle se souvenait de cet endroit dans lequel elle jouait, petite. C'était sa pièce préférée.

– Votre père venait souvent ici, lui dit Paul.

Il désigna du doigt un secrétaire ancien.

– Il s'asseyait ici pour lire ou travailler.

Raphaëlle imagina son père assis dans ce fauteuil. Que faisait-il ? À quoi pensait-il ? Songeait-il parfois à elle ? Elle regarda par la fenêtre. Une image de son enfance lui revint en mémoire.

Le chevalet devant lequel elle se tient est à peine plus grand qu'elle. Sur la toile, un portrait de son père. Elle le retouche, encore et encore. Elle sait qu'elle peut faire mieux. Quand Joseph le verra, c'est sûr, il l'aimera enfin. La porte du grenier s'ouvre. Son père entre et s'avance. Raphaëlle se décale pour qu'il puisse voir son œuvre et attend sa réaction, le cœur battant. Il se dirige vers son secrétaire, ouvre un tiroir, prend une enveloppe et quitte le grenier sans un regard pour elle. Le chagrin la submerge. Elle prend son pinceau, le trempe dans de la peinture rouge et en badigeonne sa toile en pleurant de rage. Le visage de son père est couvert de sang.

– Raphaëlle ? Tu m'entends ? lui demanda Fanny.

Elle sursauta.

– Ici, tu aurais de la place pour peindre ! répéta son amie.

– Vous êtes peintre ? questionna Paul.

Raphaëlle acquiesça, fuyant son regard chaleureux et attentionné.

– Raphaëlle a un talent fou. D'ailleurs, elle va bientôt exposer ses œuvres dans une galerie parisienne, dit Fanny.

– Si j'arrive à les finir, marmonna Raphaëlle d'une voix blanche.

– Nous allons voir les chambres, ajouta Fanny. Tu viens ?

– Non, je vais rester encore un peu ici, répondit-elle.

Elle repensa au chêne, près de la clairière, sous lequel elle se cachait, enfant. Était-il toujours là ?

La porte du grenier se referma. Elle était enfin seule.

Elle s'avança vers la bibliothèque, où les rayonnages ployaient sous les livres. Son père avait toujours beaucoup lu. Une chose la troublait : comment avait-il pu aimer autant les œuvres des grands auteurs et rester sourd à lui-même toute sa vie ? Les livres nous permettent de naître à nous-mêmes, ils rendent notre cœur meilleur. Comment expliquer que Joseph ait attendu la dernière minute pour lui écrire une lettre et entamer un processus de prise de conscience ? Une douleur de petite fille brûlait dans sa poitrine. Était-il possible de guérir de son enfance ?

Elle prit place dans le fauteuil de son père, devant le secrétaire, et posa ses mains sur le bois verni, lisse et brillant.

Esprit, es-tu là ?

Elle ouvrit le premier tiroir. Il y avait des briquets, des trombones… rien d'intéressant. Elle fouilla dans le deuxième tiroir, qui contenait des papiers et des cartes éparpillées. En cherchant à attraper l'une d'elles, elle souleva le fond du tiroir. Intriguée, elle regarda en dessous et trouva une chemise en carton qui contenait plusieurs lettres adressées à Oscar Lescuyer, son arrière-grand-père. Elle en lut une première.

> « Mon bien cher Oscar,
> Je ne pourrai jamais te remercier suffisamment pour ton aide. Je sais qu'il peut sembler fou de tenter de mettre fin à ses jours, mais que c'est dur d'être un artiste ! L'argent manque toujours, et je me suis senti tellement pris à la gorge que je n'ai pas vu d'autre possibilité que celle-là. Tu sais qu'ils sont venus et qu'ils ont saisi tout mon travail ? Camille en était malade. Les jours passés dans ta maison m'ont enchanté. La lumière matinale qui inonde le petit cabanon du jardin est la plus belle qui soit. Je me sens beaucoup mieux maintenant.
> Ton ami fidèle,
> CM »

Elle en parcourut une autre.

« Mon bien cher Oscar,
Je ne sais comment te remercier pour ton aide. Sans toi, je n'aurais pas pu me porter acquéreur de la maison. Je te rembourserai, bien sûr. Fais-moi signe à ton retour, j'aurai le plaisir de te présenter mon ami Octave. Dans ta dernière lettre, tu me questionnes sur mon travail. Ma foi, j'avance et je renforce ma collaboration avec Georges, dont je t'ai parlé. Bien sûr, ça n'ira pas sans heurts avec Durand-Ruel, mais c'est ainsi… »

Elle les rangea distraitement, poursuivit son exploration et extirpa du troisième tiroir une enveloppe marron. À l'intérieur se trouvaient des lettres de femmes adressées à son père. Son cœur se mit à battre plus vite.

« Joseph,
Je pense à toi chaque jour, tu me manques atrocement. Où es-tu ? Pourquoi ne réponds-tu pas à mes appels ? Qu'est-ce que j'ai fait de mal pour que tu me rejettes ? Je n'arrive pas à vivre sans toi, écris-moi, je t'en supplie.
Ta Betty »

Elle en lut une autre.

« Encore un réveil sans toi ce matin. Encore un jour froid et sans vie, avec le cœur au fond du gouffre. Je ne sais plus qui je suis quand tu n'es pas là… »

Il y en avait des dizaines comme ça. Raphaëlle arrêta sa lecture. Penser que son père avait été aimé et désiré par toutes ces femmes lui était insupportable. Soudain, elle fut prise d'une abominable curiosité et fouilla dans le paquet de lettres. Et si… Elle trouva ce qu'elle cherchait et commença sa lecture, le souffle court.

« Mon amour,
Je suis ivre de toi, tu es le seul homme de ma vie. Je t'en supplie, dis-moi pourquoi tout a changé. Nous étions si proches, si liés. Tu me manques, je t'en prie, réponds-moi. Tout était si magnifique, avant. S'il te plaît, ne t'en va pas. Je donnerais n'importe quoi pour revenir en arrière, avant la naissance de cette enfant que tu ne voulais pas. Tu ne l'as jamais voulue, tu me l'avais dit sur tous les tons. Je te demande pardon. Raphaëlle a tout gâché entre nous, mais je ne veux pas te perdre. Abandonnons-la si ça peut te faire revenir auprès de moi. Je t'en supplie, ne me laisse pas.
Cathy »

Raphaëlle rangea en hâte la lettre dans le tiroir. Son cœur brutalisait sa poitrine. Elle était horrifiée par ce qu'elle venait de lire, une douleur atroce broyait ses entrailles. Un long cri silencieux qu'elle était incapable de pousser monta en elle, menaçant de la faire chavirer dans le néant. Elle s'agrippa au bureau pour ne pas s'effondrer et fut envahie par une bouffée de chaleur, immédiatement suivie par un froid glacé. Elle perdait pied, ne pouvait se raccrocher à rien. Incapable de penser de façon cohérente, elle était noyée dans un flot de sensations qui l'entraînaient très loin du rivage, là où la douleur est si vive qu'elle vous isole du reste du monde.

6

Paul montra chacune des chambres de la maison à Fanny. Elles étaient en très bon état. Il ouvrit la fenêtre de la dernière pièce et observa le jardin en silence pendant quelques instants.

– Votre amie est blessée… lança-t-il.

– C'est le moins qu'on puisse dire, répondit Fanny.

– Vous vous connaissez depuis longtemps ?

– Depuis vingt-deux ans.

– C'est une belle amitié, dit-il.

– Que pensiez-vous de Joseph ? l'interrogea-t-elle.

Il se passa la main dans les cheveux.

– C'était un homme étrange. Sauvage, secret, doué, et en même temps inapte.

– Inapte ?

– Inapte socialement. Incapable de supporter les contraintes. Il n'était absolument pas fait pour être père, ne rentrait dans aucun moule et vivait à sa manière. Il savait beaucoup de choses, j'adorais discuter avec lui. Il me manque.

La tristesse se lisait sur son visage.

– Vous l'avez bien connu ? lui demanda-t-il à son tour.

Fanny prit une cigarette dans son sac et s'approcha de la fenêtre.

– Suffisamment pour voir qu'il ne faisait pas de bien à Raphaëlle.

Paul, silencieux, attendit la suite.

– Il n'a jamais voulu être père, poursuivit Fanny en allumant sa cigarette. Il était sans doute le premier à savoir qu'il en était incapable. Mais les hommes sont idiots. Ils éjaculent, leur femme se retrouve enceinte et ils sont faits comme des rats. Croyez-moi si je vous dis que je ne souhaite l'enfance de Raphaëlle à personne.

– Je vous crois.

Fanny rejeta sa tête en arrière et souffla la fumée de sa cigarette en direction de la fenêtre.

– Je pense que vous êtes la seule personne au monde qui aimait Joseph et que Joseph aimait, murmura-t-elle de sa voix rauque. Qu'avez-vous de si spécial, Paul ?

Lorsque Raphaëlle pénétra dans la chambre, elle fut surprise par leur proximité et imagina qu'il s'était passé quelque chose entre eux. Elle éprouva une peine à laquelle elle ne s'attendait pas, qui décupla la douleur ressentie à la lecture de la lettre de sa mère.

– On s'en va, Fanny. Je vends la maison, dit-elle d'un ton sec.

Son amie écrasa son mégot et s'avança vers elle.

– Mais on avait décidé que tu te laisserais du temps pour réfléchir !

– J'ai eu assez de temps. C'est tout réfléchi, je vends. Je ne veux plus rien avoir à faire avec cet endroit.

– Je vous en prie, ne faites ça, insista Paul.

– En quoi êtes-vous concerné ? lui demanda Raphaëlle.

– C'est un endroit spécial, j'y suis très attaché, répondit-il.

– Dans ce cas, puisque Joseph vous aimait tant, pourquoi ne vous a-t-il pas légué la maison ? lui demanda-t-elle. Peut-être que, vous aussi, il vous a pris pour un con ?

Fanny observa son amie. Elle la connaissait parfaitement et savait qu'il s'était passé quelque chose. Elle chercha avant tout à la protéger d'elle-même.

– Viens, lui dit-elle en l'entraînant doucement vers l'escalier.

Paul les raccompagna jusqu'à la voiture et les regarda s'éloigner en soupirant. Il fallait absolument qu'il trouve un moyen de la faire changer d'avis. Il ne se pardonnerait jamais de ne pas avoir tout essayé pour que la fille de Joseph conserve la maison qu'il lui avait léguée.

Sur le chemin du retour, Fanny tenta d'apaiser son amie.

– Qu'est-ce qui se passe ? lui demanda-t-elle.

– Rien du tout, répondit Raphaëlle.

– Je te connais par cœur, alors arrête ! Tu as trouvé quelque chose dans le grenier ?

– Je ne veux pas en parler.

Fanny décida de respecter son silence, et se concentra sur sa conduite. L'autoroute était presque déserte, elles ne mettraient pas longtemps à rejoindre Paris.

– Il y a quelque chose entre Paul et toi ? lui demanda soudain Raphaëlle.

– Non, rien du tout, répondit Fanny en rosissant.

– Arrête de mentir, je vous ai vus.

– Tu as vu quoi ?

– Je t'ai vu minauder.

Fanny accusa le coup en silence. Elle accéléra.

– Tu ne peux pas t'en empêcher, hein ? lui dit Raphaëlle.

– Mais enfin, qu'est-ce que tu racontes ?

– Je ne veux pas que tu t'approches de lui.

– Je croyais qu'il t'insupportait, lui répondit Fanny.

– C'est le cas… mais tu as toujours eu tous les hommes que tu voulais…

Il y eut un silence.

– J'ai aussi eu ceux que je ne voulais pas, lâcha Fanny avec amertume.

– Je sais, répondit Raphaëlle, qui savait à quoi elle faisait allusion.

Elles restèrent silencieuses pendant tout le reste du trajet.

7

L'agence immobilière choisie par Raphaëlle estima la maison à neuf cent cinquante mille euros. L'annonce, agrémentée de magnifiques photos, fut rédigée, décrivant par le menu les nombreux avantages qu'offrait cette belle demeure. Il y eut plusieurs visites, mais rien de vraiment concret, jusqu'à ce qu'un célèbre pianiste jette son dévolu sur la maison. Avec ses huit chambres disposant toutes d'une salle de bains privative, son immense jardin et son charme ensorcelant, elle correspondait en tous points aux rêves de grandeur qu'il nourrissait.

Fanny acceptait la décision de Raphaëlle. Elle comprenait qu'il y avait trop de douleur pour qu'il en aille autrement. Paul, qui persistait à penser que vendre le Clos des Anges était une erreur, comptait sur Fanny pour pousser son amie à changer d'avis. Elle était d'accord avec lui, mais son principal souci était d'éviter à Raphaëlle des souffrances inutiles. Paul l'appela un dimanche en fin d'après-midi.

– Fanny, un architecte et des ouvriers ont passé la journée dans la maison. Ils ont tout photographié et pris des mesures. Que se passe-t-il ?

Fanny resta silencieuse.

– Alors, ça y est, la maison est vendue ? demanda-t-il.

– Raphaëlle a signé la promesse de vente hier. Je suis désolée, Paul.

– Vous êtes désolée ? dit-il en élevant la voix.

– Je n'ai rien pu faire pour qu'elle change d'avis.

– Mais vous êtes son amie, bon sang ! s'écria-t-il.

– Ne me parlez pas sur ce ton. Vous ne vous rendez pas compte du contentieux qu'il y a entre Raphaëlle et Joseph. Si vous croyez que trente-neuf ans de relations merdiques et destructrices peuvent être effacés d'un claquement de doigts, vous vous trompez lourdement.

– Mais vous êtes sa seule amie, elle vous écoute ! Je ne peux pas croire que vous n'ayez pas pu la faire revenir sur sa décision.

Fanny soupira.

– C'est pourtant la vérité. Je ne suis pas toute-puissante. Raphaëlle m'a toujours écoutée jusqu'à présent, c'est vrai, sauf à propos de cette maison. C'est la première fois qu'elle ne veut rien entendre et qu'aucune discussion rationnelle n'est possible.

Elle défie son père, elle veut lui faire payer ses erreurs, détruire ce qu'il lui a légué. Si elle avait pu vendre la maison à une entreprise de démolisseurs, elle l'aurait fait. Ça n'a plus rien à voir avec la raison, ni avec l'amitié. C'est autre chose qui se joue, là, et vous comme moi, nous sommes dépassés.

– Alors il n'y a plus rien à faire ? la questionna-t-il.

– Ça me semble compromis, répondit-elle.

Fanny réfléchit quelques instants.

– Cela étant dit, j'ai insisté pour que la promesse de vente soit assortie d'une clause de dédit de sept jours, murmura-t-elle. Il nous reste donc une minuscule fenêtre de tir.

– Vous proposez quoi ? lui demanda Paul.

– Il y a peut-être une dernière chose à tenter.

– Je vous écoute.

– Ramenez-la sur les lieux de son enfance, suggéra-t-elle, faites-lui aimer à nouveau cet endroit. Vous êtes le seul à pouvoir faire ça. Moi, j'ai tout essayé, je ne peux plus rien faire.

Raphaëlle n'avait toujours pas réussi à se remettre à peindre. Assise devant son chevalet, son pinceau à la main, elle était bien décidée à y consacrer son dimanche. Elle faisait tout pour retrouver ces instants magiques où elle était transportée dans l'univers de la création. C'était le seul moyen qu'elle avait d'oublier son chagrin, sa douleur et le monde réel, si difficile à supporter. Pourtant, elle n'arrivait pas à « entrer dans sa toile ». Plus rien ne vibrait en elle, elle n'avait plus aucun lien avec sa peinture. Sa créativité s'était tarie. Elle s'obligea néanmoins à persévérer. Elle retoucha les yeux de la femme triste, mais ne réussit qu'à leur donner une expression vide. Vers vingt heures, son portable sonna. Elle ne connaissait pas le numéro qui s'affichait. Elle hésita, mais finit par décrocher.

– Raphaëlle ? dit une voix grave, reconnaissable entre mille.

– Oui… répondit-elle d'un ton vacillant.

– C'est Paul.

Il y eut un silence.

– Paul Haudecœur, précisa-t-il.

Raphaëlle ne dit rien. Elle cherchait à se ressaisir.

– Fanny m'a appris que vous aviez signé une promesse de vente pour la maison et je voulais vous proposer de venir passer la journée de demain à Giverny avec moi. J'aimerais vous montrer les recoins secrets de la maison et la partie du jardin que vous n'avez pas vue… pendant qu'il est encore temps. J'y ai planté des centaines de fleurs, ça vous plaira beaucoup.

– Je ne sais pas… répondit Raphaëlle. Si votre but est de me faire changer d'avis pour la maison, ce n'est pas la peine. Je ne reviendrai pas sur ma décision.

– Je sais. Peut-être que vous faites bien de la vendre. Surtout à un artiste, comme vous. La beauté du Clos des Anges nourrira son art, j'en suis certain.

Raphaëlle eut un pincement au cœur.

– Vous avez quelque chose de mieux à faire demain ? lui demanda Paul.

– En fait, j'ai du travail en retard…

– Allez, dites oui !

Elle jeta un coup d'œil sur sa toile ; elle s'était acharnée dessus sans succès tout l'après-midi. L'inspiration reviendrait peut-être si elle s'accordait une journée de répit…

– C'est d'accord.

– Formidable ! dit Paul. Retrouvons-nous dans la maison à dix heures. Ça vous convient ?

– Entendu.

– Bonne soirée, à demain.

– À demain.

Elle raccrocha. Pourquoi avait-elle accepté ce rendez-vous ? Elle pouvait encore l'annuler.

8

Le lendemain matin, elle fit le trajet sans encombre. C'était la première fois qu'elle reprenait le volant depuis sa crise d'angoisse avec Fanny. Elle resta concentrée sur la route et, à son grand soulagement, tout se passa bien. Elle arriva à Giverny un peu avant dix heures. Il faisait beau. Le printemps achevait de purifier le ciel des derniers vestiges de l'hiver. Elle arrêta la voiture devant le portail ouvert. Elle voulait marcher. Elle pénétra dans le jardin et emprunta la haie d'honneur. Elle leva la tête. De petites gouttes de soleil se faufilaient à travers le feuillage des arbres. Tout était calme et tranquille. Le vaste terrain bordé d'arbres et de massifs de fleurs s'étendait sur plusieurs hectares. Tout cela était l'œuvre de Paul… Elle contourna la mare magique, tapissée de nénuphars. Seul le chant des oiseaux troublait le silence. Elle retrouvait l'atmosphère si particulière de ces lieux qui avaient bercé son enfance.

Dans le livre des fées, il est écrit que, si on pense très fort à quelque chose, on sera exaucé.
Elle tient un caillou dans sa main et se concentre.
Joseph et maman s'aiment et on est une famille pour toute la vie.
Elle imagine son vœu à l'intérieur du caillou, le secoue trois fois, l'embrasse et le jette dans l'eau.
Elle sourit.
Quand les fées s'en mêlent, la vie peut changer pour de vrai.

Le banc en bois, presque posé sur l'eau, était toujours là, entouré de feuillages. C'était le meilleur poste d'observation pour les nénuphars. Raphaëlle l'effleura de la main.

Je suis le capitaine du bateau du Clos des Anges.
Prête à embarquer ?

Elle s'allongea sur le banc et regarda le ciel en clignant des yeux très vite pour perdre la notion du temps, comme elle le faisait lorsqu'elle était enfant. Une brise légère balayait le jardin. L'air était étrangement lourd.

Lorsqu'elle rouvrit les yeux, la lumière avait changé. Quelle heure était-il ? Elle regarda sa montre et sursauta. Il était plus de onze heures. Elle se releva en hâte et vit Paul, assis sur le rebord de la mare, non loin d'elle.

– Pourquoi ne m'avez-vous pas réveillée ? lui demanda-t-elle.

– Parce que vous aviez besoin de dormir.

– Vous êtes toujours comme ça ? lui demanda-t-elle.

Un sourire se dessina sur les lèvres de Paul.

– Toujours comment ?

– Toujours à prendre la vie comme elle vient.

– Pas vous ? lui demanda-t-il en riant.

– Non.

Elle prit son sac et marcha en direction de la maison. Paul l'observait d'un air amusé.

– Où allez-vous ? C'est de l'autre côté que je veux vous emmener.

Elle fit demi-tour en évitant de croiser son regard. Ils marchèrent en silence dans le jardin baigné de lumière. Raphaëlle s'arrêta et regarda autour d'elle. Le ruissellement de la rivière parvint à ses oreilles. Elle l'avait oublié…

Elle court à perdre haleine, son cœur est beaucoup trop lourd dans sa poitrine. Elle a soudain peur qu'il tombe et se brise. Elle pose ses mains dessus, et ne veut plus penser à rien. Elle s'assied sur une pierre. Le clapotis de l'eau berce sa douleur. Ses larmes se mêlent à l'eau de la rivière. Elle pleure, elle aussi.

Où s'en va l'eau des chagrins pleurés par les enfants du monde ? Est-ce que quelqu'un, quelque part, les fait sécher au soleil ?

– Je vous avais dit que cette maison était magique.

La voix de Paul la fit revenir à elle. L'eau claire serpentait entre les pierres. Le spectacle était saisissant de beauté.

– Votre père s'asseyait souvent ici, poursuivit-il en désignant une grosse pierre qui surplombait l'eau.

– Que faisait-il ? murmura-t-elle.

– Il regardait couler l'eau.

Elle essaya d'imaginer son père assis là, contemplant la rivière, mais n'y parvint pas. Elle l'avait toujours connu hyperactif, sans cesse en mouvement, incapable de se poser, comme s'il avait peur d'être capturé par la vie s'il demeurait immobile.

– J'ai du mal à croire que nous parlons du même homme, dit-elle.

– Nous avons des identités multiples.

– Des identités multiples ?

– Vous ne croyez pas ? dit Paul.

– Si… et c'est effrayant.

– Je trouve ça merveilleux, au contraire, dit-il.

– Pourquoi ?

– Parce que c'est une richesse.

– Je ne vois pas les choses comme ça.

– Vous les voyez comment ? lui demanda-t-il.

Elle fut surprise de l'intérêt qu'il lui portait et se demanda ce qu'il avait en tête. Faisait-il semblant de s'intéresser à elle pour qu'elle garde la maison ?

La voix de Paul la ramena à la réalité.

– Vous êtes toujours avec moi ?

– Je suis là, répondit-elle.

– Où, exactement ? lui demanda-t-il en lui faisant un sourire malicieux.

– Je ne sais pas… répondit-elle avec tristesse.

– Venez avec moi.

Ils empruntèrent un sentier bordé de feuillages épais. L'air était frais à l'ombre des arbres. Paul calait son pas sur le sien. Raphaëlle fut surprise de se sentir si bien à ses côtés. Ils arrivèrent dans une partie du jardin qu'elle n'avait encore jamais vue. Des centaines de fleurs ondulaient, caressées par la brise tiède de cette fin de matinée. C'était un ravissement pour les yeux et le cœur.

– J'aime passionnément ce jardin… À l'époque, il était rempli de mauvaises herbes. J'y ai passé un temps fou !

Raphaëlle le regardait pendant qu'il parlait. Ses yeux brillaient, sa voix tremblait d'émotion. Elle sentit tout l'amour qu'il avait mis dans ce jardin et en fut bouleversée.

– Avec les coquelicots, les tulipes sont mes fleurs préférées. Regardez comme elles sont belles, lui dit-il.

Il s'agenouilla devant le parterre de tulipes et caressa leurs pétales. Raphaëlle l'observait, troublée. Elle imagina qu'il la caressait, et elle rougit. Elle prit soudain conscience du désir qu'il lui inspirait. Plonger sa main dans ses cheveux, sentir son odeur, toucher sa peau, être contre lui… Depuis combien de temps n'avait-elle pas désiré un homme ?

– Raphaëlle ? Raphaëlle, vous êtes là ?

Elle sursauta. Il s'était relevé et la dévisageait.

– Pardon, je…

– Vous rêviez ? lui demanda-t-il.

Une image d'elle, nue contre lui, dansa devant ses yeux. Elle rougit de plus belle.

– Non… je… balbutia-t-elle.

– Venez.

Ils traversèrent le jardin et arrivèrent devant un chêne imposant. Raphaëlle s'arrêta.

– Enfant, je venais me cacher ici quand j'étais triste. Et ça arrivait souvent…

Elle court aussi vite que possible pour s'éloigner de la maison et des cris de ses parents. Elle se blottit contre le grand chêne en tremblant.
Il ne peut rien m'arriver de mal, je suis en sécurité. Il ne peut rien m'arriver de mal, je suis en sécurité…

Elle eut soudain un mouvement de recul en voyant l'urne de Joseph.

– Où avez-vous mis les cendres ?

– Elles sont toujours dans l'urne, je vous attendais. Je crois que c'est important que vous puissiez faire le deuil de votre père, lui dit Paul.

– Non, je ne peux pas… répondit-elle.

Elle ressentit à nouveau cet atroce chagrin qu'elle voulait fuir à tout prix. Joseph ne pouvait pas être dans cette urne, c'était impossible. Des larmes coulaient sur ses joues. Tout son corps se raidit, l'air lui manquait. Paul s'approcha d'elle.

– Inspirez par le nez en comptant jusqu'à quatre, lui dit-il.

Elle avait les mains moites et la respiration coupée. Elle n'arrivait plus à se contrôler. Il la prit par les épaules ; elle sentit la chaleur de son corps.

– Regardez-moi, murmura-t-il.

Ses yeux paniqués s'accrochèrent à ceux de Paul et trouvèrent en eux un point d'appui.

– Inspirez lentement par le nez pendant que je compte jusqu'à quatre.

Elle obéit.

– Bloquez votre respiration sur quatre temps... C'est ça, très bien... Maintenant, soufflez par le nez sur quatre temps.

Raphaëlle expira lentement l'air de ses poumons, sans quitter Paul des yeux.

– Bloquez à nouveau votre respiration sur quatre temps. C'est bien, on recommence.

Au bout de quelques minutes, la crise s'apaisa enfin.

– Je ne comprends pas... lança-t-elle.

– C'est l'angoisse, lui expliqua-t-il. Vous avez respiré trop rapidement, et du gaz carbonique s'est accumulé dans vos poumons. Vous manquiez d'oxygène. La respiration sur quatre temps a permis de casser l'hyperventilation. Suivez-moi.

Il s'avança vers le chêne.

– Appuyez vos mains sur son tronc et respirez lentement.

La rugosité et la fraîcheur de l'écorce la surprirent. Depuis combien de temps n'était-elle pas sortie de Paris pour se promener dans la nature ? Elle ne s'en souvenait pas. Ses pensées s'atténuèrent peu à peu, jusqu'à disparaître. Un étrange sentiment de calme montait en elle à mesure qu'elle s'appuyait contre cet arbre majestueux, aux imposantes racines profondément enfoncées dans le sol. Paul se tenait contre l'arbre. Elle l'imita, et une douce énergie l'envahit. Elle se sentit apaisée. Lorsqu'elle rouvrit les yeux, elle vit qu'il l'observait en silence.

– Savez-vous que les arbres communiquent entre eux ? lui demanda-t-il. Il existe sous nos pieds un incroyable réseau qui leur permet d'être reliés les uns aux autres, et même de s'entraider.

– Je l'ignorais, répondit Raphaëlle.

– Les arbres sont intelligents, les fleurs aussi. C'est une des raisons pour lesquelles je les aime autant.

La passion sincère qui teintait ses propos la toucha. Elle l'observa à la dérobée. Il ne ressemblait à aucun des hommes qu'elle avait connus. Il creusa un trou au pied du chêne, puis descella l'urne. Raphaëlle le regardait faire, immobile. Il la prit par la main, et ensemble ils versèrent les cendres de Joseph au pied de l'arbre. Paul les recouvrit de terre.

– Au revoir, Joseph, murmura-t-il.

– Au revoir… balbutia Raphaëlle.

Ils restèrent silencieux quelques instants, puis il l'entraîna vers un ravissant chalet en bois.

– Bienvenue chez moi.

Raphaëlle regarda autour d'elle. Elle fut surprise de découvrir ce chalet, décoré avec tant de soin. L'atmosphère, chaleureuse et douillette, contrastait avec ce qu'elle croyait savoir de cet homme, qu'elle avait tout d'abord jugé bourru. Les rideaux, le tapis, les coussins, les couleurs, tout montrait un raffinement simple qui lui plaisait beaucoup. Elle se sentit tout de suite bien.

– Vous avez faim ?

– Je ne veux surtout pas vous déranger, répondit-elle.

– Vous ne me dérangez pas. Est-ce que vous avez faim ? répéta-t-il, une lueur amusée dans le regard.

– Je crois, oui…

– Venez, lui dit-il.

Il l'emmena dans son potager.

– Ici, je pratique la permaculture.

Raphaëlle en avait entendu parler, mais elle ne savait pas exactement en quoi cela consistait. Elle n'osa pas poser de questions, craignant de passer pour une idiote.

– J'essaye de prendre soin de la nature. Des sols, d'abord, en n'utilisant aucun produit chimique. Si j'en mets sur cette petite parcelle, la terre va l'absorber, et le jardin et la rivière seront contaminés. Votre père se passionnait pour ces sujets.

Raphaëlle écarquilla les yeux. Elle ignorait que Joseph s'intéressait à l'écologie. Elle savait si peu de choses de lui… Ils cueillirent une salade, des carottes, du persil et du basilic, et retournèrent dans le chalet. Raphaëlle le regarda faire la cuisine en buvant un verre de vin. Lorsque ce fut prêt et que la table fut dressée, ils s'assirent l'un en face de l'autre.

– À notre rencontre et à cette magnifique journée ! dit Paul en levant son verre.

Raphaëlle trinqua avec lui.

– Vous habitez ici depuis longtemps ? lui demanda-t-elle.

– Depuis une quinzaine d'années. J'ai construit ce chalet et votre père m'a proposé de m'y installer. Si vous pouviez voir les levers et les couchers de soleil !

– Pourquoi ne me l'avez-vous pas dit ?

– Ça aurait changé quelque chose ? lui demanda-t-il.

– Je ne sais pas… peut-être.

– Raphaëlle, mon intention n'est pas que vous gardiez la maison pour préserver mon petit confort, même si c'est déchirant pour moi de savoir que je vais devoir partir. Je voulais que vous ressentiez ces lieux par vous-même, sans les relier à Joseph, car ils sont distincts de votre père. Il en a simplement été le gardien pendant un temps, comme son père et son grand-père avant lui. Cet endroit mérite mieux que ça. Il mérite mieux que nous et nos petites querelles. Son âme est plus belle que la nôtre. Nous prenons trop souvent des décisions en réaction, sans avoir assez de recul.

Raphaëlle l'écoutait attentivement.

– Je ne vous ai peut-être pas suffisamment fait sentir à quel point je comprends votre peine et votre ressentiment. Moi aussi, j'ai grandi sans père, livré à moi-même. Je me rends compte combien il est cruel pour vous d'apprendre que celui qui n'a pas été capable d'être un père pour vous en a été un pour moi. Je veux juste vous dire à quel point je suis désolé de tout ça. Désolé de tout ce que j'ignorais.

Raphaëlle regarda par la fenêtre du chalet. Elle se sentait comme hors du temps et respirait mieux qu'elle ne l'avait fait depuis des années. Les mots de Paul la troublaient et l'apaisaient tout à la fois.

– Vous pensez que je commets une erreur en vendant la maison ? lui demanda-t-elle.

Il perçut dans sa question quelque chose d'enfantin, de perdu.

– Ce qui me soucie, c'est la raison pour laquelle vous la vendez, lui répondit-il.

– Pourquoi ?

– Vous la vendez pour punir Joseph. Vous la vendez « contre »... et je pense que vous devriez la garder « pour ».

– Pour ? demanda-t-elle.

– Pour vous. Parce que vous y serez heureuse, parce qu'un lieu comme celui-là est inestimable.

– Mais elle est si grande... c'est un tel entretien !

– Si ce n'est que ça, je serai là. Je l'entretiens depuis plus de vingt ans, je la connais comme ma poche.

Raphaëlle demeura silencieuse. Avait-elle pris une décision trop hâtive sous le coup de la colère ? Le regretterait-elle ?

Voyant son désarroi, Paul changea de sujet. Il parvint à nouveau à la détendre, et le dîner s'acheva dans les rires. Elle découvrait à quel point il pouvait être doux et attentionné, tout en conservant une grande indépendance de pensée. Elle était complètement sous le charme, et tentait de s'en défendre comme elle le pouvait.

Lorsqu'il la raccompagna à sa voiture, il était plus de vingt et une heures.

– J'espère que vous avez passé une belle journée, dit-il.

– Oui, répondit-elle.

– Si vous avez besoin de quoi que ce soit, n'hésitez pas à m'appeler.

Elle se demanda ce dont elle pourrait avoir besoin.

– Merci, dit-elle en rougissant.

Elle s'assit dans la voiture et mit le moteur en marche. Il se pencha vers elle. Elle tourna la tête, ils étaient si proches… Une onde de chaleur la traversa.

– Soyez prudente sur la route.

– Oui… au revoir, balbutia-t-elle.

Elle s'obligea à démarrer, et regarda Paul dans le rétroviseur aussi longtemps qu'il fut visible. À mesure qu'elle s'éloignait de Giverny, elle sentit qu'elle y laissait une partie de son cœur.

Une fois qu'elle fut rentrée chez elle, les images de la journée passée avec Paul tournèrent en boucle dans sa tête. Il était là, partout dans la pièce. Certaines rencontres nous modifient chimiquement. Quelque chose en elle s'était décalé ; son angle de vue était différent. Dans un éclair de lucidité, elle parvint à s'extraire un court instant du tourbillon de ses pensées pour épouser les contours de son existence avec plus de netteté. Elle sentit à quel point les événements tragiques de son enfance avaient été déterminants dans toutes les décisions qu'elle avait prises jusqu'à présent. Fuir Joseph, ne pas ressembler à Joseph, oublier Joseph, être contre Joseph. Joseph, toujours Joseph. Tout le temps. Elle repensa à la maison et à son échange avec Paul : « Vous la vendez pour punir Joseph. Vous la vendez "contre"… et je pense que vous devriez la garder "pour". […] Pour vous. Parce que vous y serez heureuse. Parce qu'un lieu comme celui-là est inestimable. »

Avait-il raison ? Était-elle encore et toujours en fuite, traquée par son passé ? Par ce manque d'amour initial ? Elle sentit combien sa vie aurait été différente si elle n'avait pas été marquée par ses relations désastreuses avec son père. Que faire ? Comment sortir de cet engrenage ? Pendant toutes ces années, elle avait tout fait pour rejeter Joseph, pour le bannir de sa vie. Elle avait cru réussir, et s'apercevait aujourd'hui avec une cruelle acuité combien elle était encore irrémédiablement liée à lui. Une grande lassitude l'envahit. Elle se mit au lit le cœur lourd et eut un mal fou à s'endormir.

9

Dans son appartement parisien, Fanny avait passé l'aspirateur, fait du rangement et tout nettoyé avec soin. Elle aimait faire le ménage. Elle avait l'impression de rendre le monde plus propre et se sentait apaisée quand tout était en ordre. Le poulet, accompagné de rattes du Touquet et de gousses d'ail entières, était dans le four. Elle avait fait sa fameuse tarte aux pommes caramélisées, qu'elle accompagnerait de glace à la vanille, et avait débouché une bouteille de château-haut-vigneau, un pessac-léognan. Ses deux invitées allaient arriver d'une minute à l'autre. Elle espérait que sa stratégie fonctionnerait. Raphaëlle fit son entrée la première, vêtue d'une longue robe fuchsia décorée de fils dorés, ses beaux cheveux auburn nattés sur le côté.

– Tu es magnifique, la complimenta Fanny.

Quelques instants plus tard, Lydie, son amie psychologue, arriva à son tour, dissimulée derrière un énorme bouquet de roses. Les trois femmes prirent joyeusement l'apéritif et se mirent à table.

– J'ai assisté ce week-end à un colloque sur les nouvelles façons de vivre dans notre société, dit Lydie. Tout est en train de bouger.

Fanny découpa le poulet et servit ses amies.

– Les repères traditionnels volent en éclat, poursuivit la psychologue. De plus en plus de gens veulent vivre autrement. Ils en ont assez d'être seuls, mais ne souhaitent pas forcément vivre en couple pour autant.

– Comment font-ils, du coup ? demanda Raphaëlle.

– Ils s'installent avec d'autres personnes. C'est le cas de plusieurs de mes patients, qui ont décidé de sauter le pas et que j'accompagne dans cette démarche. Ça leur permet de mutualiser les dépenses, de s'entraider et de se stimuler.

– Et ça fonctionne bien ? demanda Raphaëlle.

– Oui, à condition que le projet soit bien pensé en amont pour éviter les malentendus… et que le lieu soit adapté.

– Une grande maison, par exemple ? dit Fanny.

– Oui. Avec des parties communes et une chambre pour chacun des participants à la colocation.

Raphaëlle regarda Fanny et comprit aussitôt ce qu'elle avait en tête.

– N'y pense même pas, lui dit-elle.

– Mais enfin, Raphaëlle, c'est un signe du ciel ! Elle est là, la réponse !

– Quelle réponse ?

– Celle que tu cherchais !

– Je ne cherche plus rien. Je vends, point barre, répondit Raphaëlle.

Lydie se tourna vers elle.

– Je suis désolée pour ton père, dit-elle.

– Ne le sois pas, répondit Raphaëlle plus sèchement qu'elle ne l'aurait voulu.

Fanny but une gorgée de vin et s'enfonça dans sa chaise.

– Et si on changeait de vie ? proposa-t-elle.

– Comment ça, changer de vie ? demanda Raphaëlle.

– On quitte Paris. Tu vends ton appartement, tu payes les droits de succession et on s'installe à Giverny.

– Tu es sérieuse ?

– Bien sûr ! enchaîna Fanny. Tu aurais enfin un vrai atelier.

– Pour quoi faire ? Depuis la mort de Joseph, je n'arrive même plus à peindre.

– Et tu crois que c'est en restant terrée dans ton appartement parisien que ça va se résoudre ?

– La création, c'est la seule chose qui me reste, affirma Raphaëlle dans un accès de désespoir. La seule chose que j'aime vraiment. Et même ça, Joseph me l'a enlevé.

Fanny et Lydie échangèrent un regard entendu, comme s'il était naturel que l'inspiration de Raphaëlle se soit tarie à la mort de son père.

– Personne ne t'enlève rien, répondit Fanny. Tu viens de subir un choc, c'est normal que ça rejaillisse sur ta création.

– Et si ça ne revenait pas ? s'écria Raphaëlle. Et si je ne pouvais plus jamais créer ?

– La mort de ton père fait remonter beaucoup de douleurs enfouies en toi, lui dit Lydie d'une voix douce. Tu dois prendre un peu de temps pour les soigner.

Raphaëlle la regardait, horrifiée.

– Mais je n'ai pas de temps pour ça ! Je veux juste continuer à peindre, comme avant. Je ne peux pas vivre sans créer !

Fanny observait son amie, en proie au tourbillon intérieur qui la ravageait.

– Il est peut-être temps pour toi d'arrêter de fuir dans la création et d'apprendre à vivre un peu plus dans la réalité, répondit-elle. Tu as tout pour toi, tout pour pouvoir créer, exposer et réussir. Mais il faut que tu te bouges, que tu changes de vie. Cette maison vient à toi, elle te tend les bras, c'est le moment ou jamais de prendre un nouveau départ.

Raphaëlle resta silencieuse. Elles avaient déjà eu cette conversation. Jusqu'à présent, Fanny l'avait toujours protégée d'elle-même, du monde, de son ex-mari, de tout ce qui était difficile, mais la mort de Joseph la mettait au pied du mur. Elle était terrorisée.

– Dans cette maison, on aurait une autre qualité de vie. Je suis certaine qu'on serait plus heureuses, poursuivit Fanny.

– Mais elle est beaucoup trop grande pour deux !

– Avec Paul, on est déjà trois. Et grâce aux colocataires, une grande partie des frais serait payée.

– Ce n'est pas une bonne idée, dit Raphaëlle.

– Je pense que si, au contraire, insista Fanny. Nous devrions sérieusement considérer cette option.

– Tu es prête à quitter Paris et à tout abandonner ?

– Absolument. Je m'y vois même déjà. J'ai quarante-deux ans, pourquoi ne pas tenter de vivre ailleurs et autrement ?

Raphaëlle repoussa son assiette. Elle n'avait plus faim.

– Et ton cabinet ?

– J'en ouvrirai un autre ! répondit Fanny du tac au tac. On verra bien ce qui se passera.

– Mais tu parles d'un changement de vie radical ! Passer de Paris à Giverny, quitter nos appartements et vivre en colocation avec des gens qu'on ne connaît même pas…

Lydie intervint.

– Si vous décidez d'aller dans ce sens, je peux vous présenter des gens.

– Je te rappelle que je viens de signer la promesse de vente de la maison, dit Raphaëlle à Fanny.

– Et moi, je te rappelle que je t'ai forcée à inclure dans le contrat une clause de dédit de sept jours. Si mes calculs sont exacts, il te reste encore cinq jours.

– Pourquoi tu me tortures comme ça ? J'ai mis cette foutue maison en vente, j'ai trouvé un acheteur, c'est ma décision.

– Et si c'était une mauvaise décision ?

– Il faut bien faire un choix dans la vie à un moment donné, non ? demanda Raphaëlle en se tournant vers Lydie.

La psychologue chercha un moyen de répondre sans pour autant prendre parti.

– Le plus important, c'est que ce choix soit en accord avec soi-même, dit-elle.

– Ce n'est pas ce que tu as fait, affirma Fanny à son amie.

– Bien sûr que si ! répondit-elle.

– Non ! Tu as fait un choix en réaction. Tu as décidé de vendre pour te débarrasser de tout ce qui te reliait encore à Joseph.

– Et alors ? cria Raphaëlle.

– Et alors, ce n'est pas ce qui s'appelle faire un choix en accord avec soi-même, cria à son tour Fanny.

Raphaëlle soupira. Une fois de plus, elle était traversée par le doute. Avait-elle tort de se séparer de cette maison ?

– Lydie, parle-nous plus concrètement de ces histoires de colocation, demanda Fanny. Ça nous permettra d'y voir plus clair.

– Il y a plusieurs cas de figure. Soit les gens se connaissent déjà et décident d'habiter ensemble, soit la colocation est décidée par deux ou trois amis qui cooptent d'autres personnes, soit personne ne se connaît et la colocation se monte par le biais de petites annonces ou du bouche-à-oreille. Il vous faut des gens qui aient les mêmes aspirations que vous. Je connais plusieurs personnes prêtes à tenter l'aventure, et je peux vous mettre en contact.

Elle se tourna vers Raphaëlle.

– Cela dit, tu as raison. Passer d'une vie de célibataire à Paris à une colocation à Giverny est un changement radical. La vraie question que vous devez vous poser toutes les deux, c'est si la vie que vous menez actuellement est satisfaisante pour vous. Est-ce qu'elle répond à vos attentes, à vos besoins, à vos envies ? Est-ce que vous êtes épanouies ?

Les deux amies restèrent silencieuses. Elles savaient que ce n'était pas le cas. À quel âge renonce-t-on à vivre la vie dont on avait rêvé ? Un passé qui pèse, un divorce, des échecs, des désillusions, tout cela finit par vous ronger et vous pousser à renoncer petit à petit à tout ce qui constitue le sel de la vie. Sans assaisonnement, elle devient fade et mécanique, et on s'y habitue jusqu'à ne plus avoir aucun rêve dans le cœur. Combien étions-nous dans ce cas ?

Les conseils de Lydie étaient précieux, c'était une femme mesurée, droite et juste, qui connaissait bien son sujet.

– Mais comment tout ça se passe, concrètement ? lui demanda Raphaëlle.

– Il faut avant tout organiser une rencontre au cours de laquelle chacun se présente. Ça permet de se faire un premier avis.

– Et tu peux nous présenter des gens ? lui demanda Fanny.

– C'est trop tôt, on n'a encore rien décidé ! s'écria Raphaëlle.

– Je pense à deux personnes en particulier, qui sont à la recherche d'un projet de ce type et avec lesquelles je suis certaine que vous pourriez très bien vous entendre. Elle, Claire Morane, est une femme solide d'une cinquantaine d'années qui a traversé une douloureuse épreuve l'année dernière. Elle est prof de français, mais est en reconversion professionnelle. L'autre, Jacob Kowalsky, est psychothérapeute et s'apprête à cesser son activité. C'est quelqu'un d'exceptionnel. Il est beaucoup plus âgé que vous, mais c'est un sage, et ce qu'il vous apportera est inestimable. Ensuite, il y a bien sûr l'aspect logistique à envisager.

– Tout ça me va très bien, dit Fanny. On fixe clairement les règles et chacun y souscrit. Évidemment, on peut faire des ajustements.

Elle se tourna vers Lydie.

– Donc, si je comprends bien, la prochaine étape, c'est la réunion des potentiels colocataires ?

– C'est ça, répondit Lydie.

– Non, intervint Raphaëlle, agacée. La prochaine étape, c'est mon consentement. Je vous rappelle que je n'ai pas encore dit oui.

– La clause de dédit expire dans cinq jours. Le compte à rebours commence maintenant, conclut Fanny.

10

Raphaëlle ne tentait même plus d'achever sa toile. Le vide et la sécheresse intérieure qu'elle ressentait rendaient toute création impossible. Elle avait toujours perçu en elle ce gisement, qu'elle croyait inépuisable. Elle s'abreuvait à cette source vive pour rendre le monde supportable. Cet état de grâce lui permettait de transformer le plomb quotidien en douces vibrations. Quand elle peignait, elle glissait dans un état particulier, qu'elle adorait. Elle se sentait enfin légère et s'envolait loin de tout, dans un univers coloré et sensoriel qui n'avait plus ni limites ni freins. Sa synesthésie, qui l'avait tant perturbée lorsqu'elle était enfant, accentuait son bien-être. Les couleurs devenaient des notes de musique et, à mesure qu'elle peignait, elle entendait de merveilleuses mélodies. Le retour à la réalité était toujours difficile. C'était l'une des raisons pour lesquelles son mariage avec William avait échoué. Elle avait épousé un homme qui était le contraire d'un artiste, un entrepreneur dans l'immobilier, pour qui l'action et le succès comptaient beaucoup. Il était rassurant, possédait les codes du monde réel, savait quoi dire et quoi faire, remplir les papiers administratifs, tracer sa route, gagner de l'argent... Elle s'était tout d'abord sentie en sécurité avec lui, parce que, quoi qu'il arrive, il gérait. De la même manière, il avait été séduit par tout ce qu'il n'était pas, fier d'exhiber sa femme artiste dans les dîners parisiens. Malheureusement, Raphaëlle s'était vite rendu compte que la sécurité matérielle qu'il lui offrait ne faisait pas taire ses terreurs d'enfance. Pire, il était incapable de les comprendre, et la laissait seule face à ses gouffres tout en lui reprochant sa « sensiblerie ».

Les pensées de Raphaëlle la ramenèrent à Giverny. Vivre en colocation avec des gens qu'elle ne connaissait pas dans la maison de son père mort, avec qui elle avait eu une relation catastrophique, était une folie. Pourtant, elle y songeait de plus en plus. Une fois encore, l'idée venait de Fanny. La plupart des initiatives qu'elle avait prises dans sa vie venaient de Fanny. Qu'aurait-elle fait sans elle ? Son manque de confiance en elle empoisonnait sa vie. Quelque chose dans les fondations de sa personnalité ne s'était pas solidifié en temps et en heure, et menaçait en permanence de s'effondrer. William lui avait expliqué un jour que, pour construire un immeuble de cinq étages, il fallait creuser un trou de dix étages, soit le double. Elle sentait bien que ses fondations à elle n'étaient qu'un trou béant, mais elle ignorait quoi faire pour devenir plus forte. Sa fragilité initiale la rendait incapable de prendre des décisions, d'affronter le monde réel avec suffisamment de force et de détachement pour s'y faire une place. Elle n'était elle-même que lorsqu'elle créait, et se sentait inapte pour la « vraie » vie. Fanny était différente. La vie ne l'avait pas épargnée non plus, mais c'était une guerrière. Pourquoi des personnes qui vivent des situations terribles s'en sortent alors que d'autres, qui traversent des souffrances proportionnellement moindres, n'y parviennent pas ? L'enfance de Fanny avait été pire encore que la sienne, et pourtant son amie avait puisé de la force là où elle n'avait pas su s'appuyer sur ses propres ressources. Elle se sentait incapable d'affronter seule les événements de la vie. Ils la heurtaient, la bouleversaient, elle ne les comprenait pas.

À quoi ressemblerait sa vie à Giverny avec Fanny, les amis de Lydie et Paul ? Comme à chaque fois, la pensée de cet homme la fit frissonner. Elle refusait de reconnaître qu'il lui inspirait du désir. Elle refusait d'avoir du désir. Pourtant, quelque chose de particulier se produisait lorsqu'elle pensait à lui, quelque chose qu'elle n'avait pas ressenti depuis très longtemps, et peut-être même jamais. Elle chassa ces pensées de son esprit. Elle ne pouvait plus se permettre de souffrir. Après son divorce, trois ans plus tôt, elle avait senti qu'elle ne pourrait plus supporter la moindre déception, le moindre chagrin, qu'elle avait épuisé tout son quota de forces et que, la prochaine fois, elle en crèverait pour de bon. Est-ce qu'on dispose d'un quota de bonheur à la naissance ? Est-ce qu'on est malheureux tout le reste de sa vie si on l'épuise trop tôt ? Qui fixe ce quota, et pourquoi ? Si ce raisonnement était juste, il lui restait encore beaucoup de bonheur à vivre puisqu'elle n'avait jamais été heureuse. Était-elle passée à côté de toutes les occasions de bonheur offertes par la vie ? Et si le gisement s'était tari par sa faute ? Elle se prit la tête dans les mains. Pourquoi ne pouvait-elle pas arrêter de penser ? Pourquoi ne pouvait-elle pas simplement vivre sa vie sans se torturer ? Elle était fatiguée d'elle-même, de ses questionnements, de ses doutes. Fatiguée de ses pensées qui tournaient en roue libre sans qu'elle puisse les contrôler.

Elle fit le tour de son appartement, acheté après son divorce sur les conseils avisés de Fanny. Elle l'aimait bien, l'avait décoré avec soin, mais n'y était pas attachée. Elle pouvait le quitter à tout moment. Elle pouvait peindre n'importe où, à Giverny ou ailleurs. Elle eut un coup au cœur en regardant sa toile inachevée. Arriverait-elle un jour à la terminer ? Elle retourna s'asseoir dans le canapé.

Qu'est-ce que j'ai vraiment envie de vivre ?

C'était la première fois de sa vie qu'elle se posait cette question.

Elle tournait et retournait son portable dans sa main. Elle avait envie de l'appeler pour lui demander conseil. Après tout, il était concerné, lui aussi. Elle hésita. Utilisait-elle ce prétexte pour le recontacter ? À l'âge qu'elle avait, c'était pitoyable, d'autant qu'elle était censée lui en vouloir. Le problème, c'est qu'elle ne lui en voulait plus du tout depuis la journée qu'ils avaient passée ensemble. Pire, elle pensait très souvent à lui. Il fallait qu'elle se reprenne, elle n'avait vraiment pas besoin d'un homme dans sa vie ! Sans compter qu'elle ignorait ce qu'il ressentait pour elle. Ils ne se connaissaient pas… Il lui avait sûrement sorti le grand jeu par intérêt. Il était probablement comme son père. Oui, c'est ça, elle s'était fait avoir. Elle n'avait jamais su décoder ces jeux de séduction stupides, elle était trop sincère. Fanny était beaucoup plus douée qu'elle avec les hommes. Elle les attirait comme des mouches. Il faut dire qu'elle avait du métier… Elle avait bien tenté de coacher Raphaëlle, mais avait fini par renoncer. Elle ne voulait pas « corrompre la pureté » de son amie. Raphaëlle était une artiste des pieds à la tête. Elle ne voyait aucune malice dans les relations humaines, elle ne jouait pas l'indifférence ou la passion. Elle se présentait comme elle était. « Tu es tellement transparente », lui disait souvent Fanny. La transparence fait peur aux hommes. Peut-être les oblige-t-elle à se voir tels qu'ils sont, ce qui, pour certains, est insupportable. Ils préfèrent jouer, prétendre, se travestir… Et ça, Raphaëlle ne le supportait pas. Elle prit une décision irrévocable : elle n'appellerait pas Paul.

Trois minutes plus tard, elle composait son numéro. Sa voix grave résonna à son oreille.

– Bonjour, lui dit-elle d'un ton hésitant. C'est Raphaëlle.

Paul resta silencieux.

– Raphaëlle Lescuyer, précisa-t-elle.

– Oui, j'avais compris ! dit-il en riant.

– Je vous dérange ?

– Absolument pas. Je suis dans le jardin. Comment allez-vous ?

– Bien. Je voulais… vous consulter.

– Me consulter ? lui demanda-t-il d'un ton surpris.

– C'est ça. Je voudrais avoir votre avis.

– Je vous écoute.

Il avait dit ça de ce ton caressant qu'il employait parfois et que Raphaëlle adorait.

– Que pensez-vous de la colocation ?

– …

– Vous savez, quand des gens vivent ensemble dans un même endroit.

– Raphaëlle, je sais ce qu'est une colocation. Je me demande juste pourquoi vous me posez cette question.

Elle se jeta à l'eau.

– Fanny s'est mis en tête de monter une colocation à Giverny.

Paul ne laissa rien paraître de son étonnement.

– Et vous, vous en pensez quoi ? l'interrogea Paul.

– Je ne sais pas trop, répondit Raphaëlle. Je veux savoir ce que vous en pensez, vous !

– Ça dépend, répondit-il.

– De quoi ?

– Ça dépend avec qui.

– Une de nos amies connaît deux personnes que ça pourrait intéresser. Paul, que pensez-vous de cette idée ?

– Ma foi, elle peut être bonne…

– Vous en feriez partie ? lui demanda-t-elle.

Il prit un temps de réflexion.

– Peut-être, oui. À ma manière, répondit-il.

– C'est quoi, votre manière ?

– Je vis au chalet, donc je pourrais être un demi-colocataire.

Raphaëlle était heureuse qu'il réagisse ainsi.

– Vous ne trouvez pas ce projet complètement dingue ? lui demanda-t-elle.

– Non. Ce que je trouve dingue, si vous voulez le savoir, c'est de vivre à moitié, en passant son temps à se sentir frustré.

Elle se raidit.

– C'est comme ça que vous me voyez ?

– Vous ne devriez pas vous sentir visée en permanence. Je parlais en général, répliqua-t-il.

– Mais vous le feriez, à ma place ? Vous garderiez la maison pour en faire une colocation ?

– Je ne suis pas à votre place. C'est toujours facile de donner des conseils de l'extérieur. Je trouve que c'est un beau projet, mais il faut trouver les bonnes personnes.

– Si on organise une réunion avec ceux que ça intéresse, vous vous joindrez à nous ?

– Bien sûr, répondit-il.

Lorsqu'elle raccrocha, Raphaëlle se sentait beaucoup plus légère. Paul avait sur elle un curieux effet apaisant. Ses réponses étaient toujours directes, il ne tergiversait pas pendant des heures. Il prenait en compte les faits et se positionnait. Rien n'était jamais tordu ou compliqué avec lui. Elle réalisa à quel point ça lui faisait du bien.

11

Le lendemain, Raphaëlle appela l'agence pour annoncer qu'elle avait décidé de faire jouer la clause de dédit et qu'elle ne vendait plus la maison. Au téléphone, celui qui s'était chargé du dossier eut un moment de flottement, le temps de calculer la commission qu'il venait de perdre. Il la rappela une heure plus tard pour lui dire que l'acheteur tenait à lui parler. Elle accepta de le rencontrer, sans trop savoir pourquoi.

Deux jours plus tard, elle l'attendait avec Fanny au café Sweet Home, juste en bas de chez elle. Un homme grand et mince, âgé d'une quarantaine d'années et vêtu avec beaucoup d'élégance, fit son entrée.

– Je te parie tout ce que tu veux que c'est lui, dit Fanny.

– Qu'est-ce que tu en sais ?

– Il a ce soupçon d'arrogance propre aux pianistes habitués aux honneurs. Tu ne trouves pas ?

L'homme traversa la salle et se dirigea vers elles.

– Qu'est-ce que je te disais ? chuchota-t-elle.

– Grégoire Delatour, dit-il avec un sourire enjôleur. Nous avons rendez-vous.

– Raphaëlle Lescuyer, dit-elle en lui tendant une main, qu'il broya presque. Et voici mon amie, Fanny Lane.

Il s'assit sans attendre d'y être invité.

– Qu'est-ce qui vous prend ? demanda-t-il abruptement à Raphaëlle.

Ses yeux noirs étincelaient.

– Je vous demande pardon ? balbutia-t-elle, surprise par tant de morgue.

– Pourquoi me reprenez-vous ma maison ?

– Ce n'était pas encore votre maison, rectifia Raphaëlle.

Il se frotta le menton, soudain désemparé.

– C'est tout comme ! Nous avions signé une promesse de vente.

– Une promesse de vente assortie d'une clause de dédit courant sur sept jours, cher monsieur, ajouta Fanny. Cette clause a simplement été utilisée. C'est parfaitement légal.

Il se redressa. Il semblait bouleversé.

– J'ai trouvé l'endroit parfait pour mon piano, et vous me le retirez sans aucune logique. J'ai besoin de ce lieu, vous comprenez ?

Raphaëlle était surprise. Elle tenta de se donner une contenance.

– Vous avez souhaité me voir et j'ai accepté. Que voulez-vous ?

Il l'observait avec intensité.

– Je veux vous faire changer d'avis, répondit-il.

– Décidément, on dirait que la terre entière veut me faire changer d'avis !

Elle repoussa son sac à main et décroisa les jambes.

– Je ne changerai pas d'avis. Je ne vends plus la maison.

Il accusa le coup et s'appuya contre le dossier de sa chaise.

– Mais qu'allez-vous en faire ? la questionna-t-il.

– Nous allons y vivre en colocation, répondit Fanny avec un grand sourire.

– En colocation ? répéta-t-il, interloqué.

– C'est ça. Avec d'autres personnes.

– Qui ?

– Des gens qui ont la même envie que nous, poursuivit Fanny.

– Quelle envie ?

– Vivre ensemble, mutualiser les dépenses, s'entraider, lutter contre l'individualisme, faire front, s'enrichir mutuellement. Ce genre de choses.

Le regard de Grégoire se posa tour à tour sur Fanny et sur Raphaëlle. Il réfléchissait. Soudain, sa main s'abattit sur la table.

– Ça me va !

– Qu'est-ce qui vous va ?

– De vivre en colocation avec vous. J'installerai mon piano dans le salon, comme prévu, et tout sera parfait.

Fanny et Raphaëlle étaient désarçonnées.

– Mais... admettons que vous fassiez partie des colocataires, vous nous apporteriez quoi ? lui demanda Fanny.

– Vous me demandez ce que je vous apporterais ? s'étouffa-t-il. Mais enfin, je suis Grégoire Delatour ! Un pianiste reconnu, qui joue dans le monde entier !

Les deux amies se regardèrent et éclatèrent de rire.

– Jouer du piano, c'est très bien, mais... dit Raphaëlle.

– Je ne « joue » pas du piano, répliqua Grégoire. Je suis un pianiste virtuose, nuance !

– C'est parfait pour donner des concerts, mais on parle là de vie en commun, poursuivit Raphaëlle.

– Si vous passez votre temps à jouer du piano, vous n'apporterez rien au groupe, ajouta Fanny.

Grégoire était bousculé. Il avait l'habitude d'être porté au pinacle, et soudain il faisait face à ces deux femmes qui lui demandaient à quoi il pourrait bien leur servir. Il passa la main dans ses cheveux noirs, qu'il ébouriffa. Ainsi, il avait un air enfantin.

– Je suis payé très cher pour donner des concerts. J'ai de l'argent et je payerai rubis sur l'ongle. Par ailleurs, j'ai beaucoup de qualités.

– Lesquelles ? l'interrogea Fanny.

– Je suis cultivé, fin, drôle… et ma compagnie est très recherchée.

Il avait dit cela d'un ton assuré, mais Raphaëlle perçut derrière ces propos une grande solitude, qui lui rappela la sienne.

– Nous organiserons prochainement une réunion avec les colocataires potentiels, poursuivit Raphaëlle.

– Dans ce cas, voici ma carte, dit-il en la lui tendant. Appelez-moi, surtout.

Il se leva.

– J'ai tout de suite su que j'allais vivre dans cette maison, dit-il d'un ton fiévreux. J'ai vu les fleurs dans le jardin, et j'ai entendu cette musique… Quand ça me fait ça, je sais que c'est bon. Mon piano sera installé dans le salon, juste à gauche de la fenêtre.

Raphaëlle le regarda, stupéfaite. Était-il synesthète, lui aussi ?

– Réfléchissez, je vous en prie, ajouta-t-il.

Elles le regardèrent s'éloigner.

– Il faut qu'il vienne à la réunion, dit Raphaëlle.

Fanny la regarda, surprise.

– Tu dis ça parce qu'il a entendu de la musique en voyant les fleurs du jardin ? Ça t'a rappelé quelqu'un ?

– Ce n'est pas si fréquent… se défendit Raphaëlle.

– Un pianiste potentiellement synesthète, après tout, pourquoi pas ? conclut Fanny.

– Tu es sûre qu'on n'est pas complètement givrées de se lancer là-dedans ?

– Au contraire, ma belle. Nous sommes en train de mettre en place la vie dont nous avons toujours rêvé, sans même le savoir !

Raphaëlle soupira. Pourquoi n'était-elle jamais sûre de rien ? Elle envisageait toujours toutes sortes d'hypothèses et se torturait les méninges. La vie était plus facile pour ceux qui n'avaient pas d'imagination. Ils ne regrettaient jamais leurs décisions, incapables de se projeter dans une autre réalité que celle qu'ils avaient sous les yeux. Raphaëlle, pour sa part, pouvait se mettre à la place de n'importe qui et envisager la vie qu'elle aurait dans telle ou telle situation. C'était infernal. Faire un choix et s'y tenir lui était très difficile. Petite, elle avait ressenti une angoisse très vive lorsque sa mère lui avait demandé si elle préférait mettre des chaussettes roses ou des chaussettes bleues. Elle s'était d'abord imaginée avec les roses et s'était figuré la journée qui allait avec, puis elle avait fait la même chose avec les bleues. Il en était ressorti que le choix était impossible à faire, les deux journées ayant leur légitimité. Sa mère en avait été très agacée, et l'échange s'était comme toujours achevé dans les cris et les larmes. Pour Raphaëlle, l'imagination était une malédiction. Fanny fonctionnait différemment. Elle prenait une décision et elle fonçait. Et quand elle se trompait, elle se contentait de réajuster sa trajectoire.

12

Raphaëlle ouvrit la porte du Clos des Anges. L'air était lourd, l'orage menaçait de déchirer le ciel. Elle emprunta l'escalier et se rendit au grenier. Tout était à sa place, les étagères remplies de livres, le tapis coloré, le canapé, le bureau de son père… Elle entendit un miaulement. Surprise, elle tourna la tête et vit s'avancer vers elle un magnifique chat blanc tacheté de roux. Il avait les yeux cerclés de noir. Elle tendit la main vers lui pour le caresser. Il la renifla et se frotta contre elle. Elle s'approcha de la baie vitrée. Un éclair zébra le ciel, le tonnerre retentit. Elle pensa à Paul. Elle ne savait rien de lui, de sa vie. Il n'était pas très loquace, ne livrait que peu d'éléments personnels. Était-il marié ?

Raphaëlle s'assit devant le bureau de son père et lut distraitement quelques lettres qu'elle avait laissées là.

« Mon bien cher Oscar,
Me voici de retour des Pays-Bas, où je me suis rendu à l'invitation d'Estournelles de Constans. Il y a là-bas des champs de tulipes de toute beauté. À se demander comment ils font pour que ça pousse aussi bien. Ces fleurs sont un ravissement pour les yeux… Elles m'apportent un bonheur incomparable…
Ton ami fidèle,
CM »

Raphaëlle rangea les lettres, ouvrit le troisième tiroir et prit l'enveloppe marron. Elle savait qu'elle n'aurait pas dû lire ces courriers, mais ne pouvait s'en empêcher. Toutes ces femmes que son père avait croisées, qui s'étaient attachées à lui, l'avaient aimé, embrassé, caressé… Elle reconnaissait, à travers leurs attentes et leur douleur, l'homme égoïste et froid qu'elle avait toujours connu, et découvrait l'homme mystérieux et troublant, capable de déchaîner les passions féminines. Elle s'étendit sur le canapé et commença sa lecture. Le chat s'allongea près d'elle.

« Joseph, cœur de pierre,
Je suis à feu et à sang. C'est avec toi que je suis devenue femme… Tu te souviens de notre première rencontre ? Sur la plage, un soir d'orage… Aucun homme ne m'avait jamais regardée comme ça. J'aurais dû m'enfuir, oublier

cette chaleur qui me brûlait entièrement. Avec toi, je respirais mieux… Comme si tu m'avais sortie de l'obscurité et mise dans ma lumière de femme. C'était pour la vie… »

Le grincement de la porte fit sursauter Raphaëlle. Elle leva les yeux et vit Paul qui s'avançait vers elle, surpris de la trouver là.

– Je suis désolé, j'ignorais que vous étiez ici, lui dit-il.

Elle se redressa, la lettre à la main, et se sentit coupable. Paul posa les yeux sur le chat, roulé en boule à côté d'elle.

– Tu es revenu, toi ?

– Vous le connaissez ?

– Bien sûr ! C'est Zorro ! Il traîne parfois ici. Je ne l'avais pas vu depuis un moment, je me demandais où il était.

Zorro ronronnait sous les caresses de Raphaëlle.

– Vous saviez que Joseph avait eu autant de femmes ? demanda-t-elle à Paul.

Il hésita avant de répondre.

– Oui…

– Je ne m'attendais pas à ça, dit-elle en désignant les lettres.

– À quoi vous attendiez-vous ? lui demanda-t-il.

– À ce que personne ne l'ait aimé, je pense.

– Vous l'avez aimé, pourtant.

Elle soupira.

– J'ai essayé, mais c'était impossible.

La pluie battait contre la vitre, le tonnerre grondait. Elle eut une vision de son père sur la plage avec la femme dont elle venait de lire la lettre. La présence de Paul si près d'elle la troublait.

– Vous avez eu beaucoup de femmes, vous aussi ? lui demanda-t-elle.

– Un certain nombre, oui… répondit-il avec sincérité.

Elle se sentit soudain triste.

– Mais l'amour physique est sans issue, ajouta-t-il.

– Je pense comme vous. Le sexe sans amour n'a aucun intérêt.

Il y eut un silence. Raphaëlle ne quittait pas Paul des yeux. Elle le trouvait beau.

– Vous voulez vous asseoir ? lui demanda-t-elle en se décalant sur la droite du canapé.

Il prit place à ses côtés. Elle ne comprenait pas ce qui se passait en elle. Elle était attirée par lui, et pourtant incapable de faire le moindre geste. Un désir inconnu et lointain montait en elle, la laissant presque sans force. Elle tenta de se protéger comme elle le pouvait en entourant ses jambes de ses bras. Paul la regardait avec douceur. Elle détourna les yeux.

– Et vous, Raphaëlle, vous avez eu beaucoup d'hommes ? lui demanda-t-il.

– Non. Ces jeux ne m'ont jamais intéressée.
– Quels jeux ?
– La séduction, tous ces jeux auxquels on joue…
Elle regardait ailleurs, mais ne pouvait s'empêcher de ressentir sa présence.
– Qu'est-ce qui vous intéresse ? poursuivit-il.
– Peindre. Depuis la mort de Joseph, je n'y arrive plus, mais c'est la seule chose qui m'intéresse vraiment. Quand je suis devant ma toile, j'oublie tout.
– Vous avez tant de choses que ça à oublier ? l'interrogea Paul.
– Pas vous ?
– Je ne crois pas, non. J'aime me souvenir.
– Des jolies choses ?
Il fit la moue.
– Pas seulement. Des drames, aussi. Je ne cherche pas à tout rendre beau.
– Vous cherchez quoi ? lui demanda-t-elle.
– À vivre pleinement.
– Je ne sais pas ce que ça veut dire. Joseph, lui, croyait qu'il vivait pleinement, que la vie, la vraie, c'était courir partout, prendre des risques et ne jamais se laisser enfermer… mais il n'a fait que saccager tout le monde, ma mère, moi… et toutes ces femmes, dit Raphaëlle en désignant l'enveloppe marron. Alors, si vivre pleinement c'est faire du mal aux autres…
Paul l'observait.

– Joseph n'était qu'un homme, avec ses problèmes, ses failles, ses doutes.

– Sauf qu'à partir du moment où il avait un enfant il aurait dû être un père, dit Raphaëlle d'un ton cassant.

L'orage s'éloignait, mais la pluie continuait à tomber, ruisselant sur la baie vitrée. Une lumière surnaturelle nimbait le grenier, donnant à Paul et à Raphaëlle l'impression d'être un peu hors du temps.

– Je n'étais pas désirée, ajouta Raphaëlle dans un souffle. Joseph n'a jamais voulu de moi. Ma mère non plus. Elle est tombée enceinte parce qu'elle a cru pouvoir le garder en faisant ça. Combien sommes-nous dans ce cas ? Ce sont des choses banales, et pourtant on peut mettre une vie entière, et même plus, à s'en sortir, à pouvoir se dire qu'on a le droit de vivre.

Paul la regarda avec tendresse et tendit la main vers elle. Elle eut un mouvement de recul. Il lut de la peur dans ses yeux. Il sentit les remparts qu'elle avait édifiés autour d'elle pour ne plus souffrir, et fut touché.

– Vous avez le droit de vivre, Raphaëlle, murmura-t-il doucement.

Ses larmes coulèrent. Elle n'essaya pas de les cacher. Ici, dans la maison de son père, assise à côté de cet homme qui avait été l'ami de Joseph pendant des années, elle se sentit soudain étrangement soulagée.

13

Fanny et Raphaëlle décidèrent de passer une semaine complète au Clos des Anges pour voir comment s'articulerait leur nouvelle vie. Informé de leur décision, Paul se montra particulièrement prévenant, remettant en ordre les endroits de la maison qui en avaient besoin, réparant ce qui devait l'être, remplissant les vases de fleurs. Lorsqu'elles arrivèrent, il les attendait devant la porte. Il monta leurs valises dans les chambres et, discret comme à son habitude, les laissa s'installer en leur précisant qu'elles pouvaient l'appeler à tout moment si elles le souhaitaient.

Raphaëlle avait encore du mal à passer devant la chambre de Joseph, que Paul avait pourtant entièrement transformée et repeinte. Elle s'était installée au deuxième étage, dans une chambre qui donnait sur le parc, et s'aperçut avec surprise qu'elle s'y sentait bien. Zorro prit l'habitude de dormir sur son lit. Elle aimait de plus en plus le jardin en fleurs. Les tulipes étaient ses préférées, elles savaient courber l'échine, mais ne manquaient pas de se redresser après. Dans la vie, tout est une question de souplesse. Certains événements ne doivent pas être attaqués de front. Il est sage, parfois, de les contourner, de prendre du recul, de laisser reposer notre « pâte humaine », de la pétrir et de la laisser lever pour qu'elle développe tous ses arômes. Être humain et respirer est à la portée de tous, mais être pleinement vivant demande un apprentissage lent et douloureux.

La réunion de colocation eut lieu le dernier samedi du mois de mars. Grégoire arriva le premier, suivi de Paul. Héléna, une ancienne danseuse étoile de quarante ans qui avait mis un terme à sa carrière deux ans auparavant à la suite d'une fracture ouverte du tibia, était là, elle aussi. Elle était proche de Fanny. Raphaëlle ne l'aimait pas, mais elle avait accepté sa présence pour faire plaisir à son amie. Lydie respecta sa parole et leur présenta Claire et Jacob. Raphaëlle les apprécia tout de suite.

Après la réunion, les deux amies rangèrent le salon, aidées de Paul. Lorsque tout fut en ordre, elles s'assirent dans le canapé, fourbues. Il leur servit un verre de pouilly-fumé, le vin préféré de Raphaëlle. La nuit tombait et le ciel prenait une couleur encre. Paul alluma une lampe, à côté de la cheminée. Elle diffusa dans la pièce une lumière chaleureuse. Les deux anges qui portaient le monde semblaient plus vivants que jamais.

– Alors, quelle est votre opinion ? leur demanda Paul en s'asseyant dans un fauteuil face à elles.

– La pêche a été bonne, non ? répondit Fanny.

Raphaëlle se redressa. Zorro, qui assistait au débriefing, vint se blottir contre elle.

– Grégoire n'a pas un caractère facile, dit-elle, mais je le trouve très touchant, Claire est super, quant à Jacob, il a beau avoir quatre-vingt-deux ans, je le trouve plus jeune que nous tous réunis ! En fait, le seul problème, c'est Héléna.

– Tu ne vas pas recommencer avec ça ! lui lança Fanny.

– Mais enfin, qu'est-ce que tu lui trouves ? Elle est bête et méchante.

Fanny ouvrit la fenêtre et alluma une cigarette.

– C'est parce que tu ne vois que ce qui est visible chez elle, dit-elle.

– Je vois ce qu'elle montre, répondit Raphaëlle.

– Elle n'est pas que ça, tu le sais bien.

Raphaëlle replia ses genoux contre elle et les entoura de ses bras.

– Mais on s'en fout ! s'exclama-t-elle. Que se passerait-il si on faisait tous comme elle ? Si on décidait de ne faire aucun effort et de ne montrer que le pire de nous-mêmes ? Parce que c'est exactement ce qu'elle fait !

Elle se tourna vers Paul.

– Dis quelque chose !

– Je ne veux pas m'en mêler, répondit-il prudemment.

– Elle est méchante, et ça lui convient très bien, insista Raphaëlle. Comme en plus tu lui montres que tu l'aimes, ça la conforte dans l'idée qu'elle n'a pas besoin de faire d'efforts.

Fanny tira une dernière bouffée et écrasa son mégot dans le cendrier. Elle soupira.

– Si on aime uniquement les gens aimables, à quoi sert l'amour ?

– D'accord, mais là tu mets vraiment la barre très haut. Paul, dis quelque chose ! insista Raphaëlle.

– Désolé, je suis d'accord avec Fanny. Aimer les gens aimables, c'est facile, dit-il.

Raphaëlle prit le briquet de Fanny et alluma une bougie parfumée. Une délicieuse odeur d'ambre se répandit dans le salon.

– Vous êtes complètement givrés, tous les deux ! Entre toi qui aimes Héléna et toi qui aimais Joseph...

Fanny et Paul éclatèrent de rire.

– Paul et moi, nous pouvons aimer n'importe qui, conclut Fanny.

– Et ça sert à quoi ? demanda Raphaëlle.

– À agrandir son cœur, rétorqua Fanny.

Raphaëlle plongea les yeux dans ceux de son amie.

– Tu n'as pas besoin de l'agrandir, lui dit-elle. Il est déjà immense.

– On en a tous besoin, crois-moi.

– Et mon cœur, à moi, il mesure combien ? demanda Raphaëlle.

– Ça dépend des jours ! lui répondit son amie. Allez, trinquons. À notre nouvelle vie !

– À notre nouvelle vie !

Ils firent tinter leurs verres. La soirée se poursuivit dans des éclats de rire. Raphaëlle était surprise de se sentir aussi bien. Tout allait tellement vite depuis la mort de Joseph… La voix de Fanny la tira de ses rêveries.

– Raphaëlle, tu es toujours avec nous ?

Raphaëlle les regarda avec anxiété.

– Vous croyez que la mayonnaise va prendre ? leur demanda-t-elle.

– Chacun va devoir prendre ses marques, répondit Fanny. Il y aura sans doute quelques frictions, mais aucun de nous ne devra se décourager.

Elle savait que son amie, qui avait une sensibilité à fleur de peau, risquait de se sentir déstabilisée. Elle se tourna vers Paul.

– Dans le pire des cas, Raphaëlle et moi, nous nous replierons chez toi, dit-elle avec un clin d'œil.

– Vous êtes les bienvenues, répondit Paul en souriant.

Dehors, la nuit était tombée et les premières étoiles faisaient leur apparition dans le ciel sombre.

14

Fin avril, les détails techniques étaient réglés. Tous avaient signé le bail, la charte et le pacte de colocation, et chacun s'apprêtait à débarquer à Giverny d'un moment à l'autre. Le mois de mai s'annonçait radieux. Raphaëlle avait mis en vente son appartement parisien, et Fanny, qui avait décidé de s'accorder une année sabbatique, sous-louait son appartement et son cabinet à l'une de ses amies, une masseuse en qui elle avait toute confiance. Elles avaient emménagé au Clos des Anges deux semaines auparavant. Le changement de vie était radical. Lorsque Raphaëlle ouvrait la fenêtre de sa chambre, il n'y avait pas d'autre bruit que le chant des oiseaux. Elle avait installé son atelier dans la grande pièce du rez-de-chaussée, qui donnait sur le jardin. Entourée de baies vitrées, elle avait une belle hauteur sous plafond et laissait entrer la lumière de Giverny, si différente de celle de Paris. Raphaëlle avait espéré que ce bain de couleurs lui permettrait de peindre à nouveau, mais elle s'asseyait chaque matin devant sa toile sans succès. Il lui fallait se rendre à l'évidence : son inspiration avait été réduite en cendres en même temps que son père.

Fanny, même si elle n'en laissait rien paraître, avait du mal à s'adapter à sa nouvelle vie, d'ordinaire rythmée par les massages et les soins qu'elle prodiguait. Elle aimait le contact humain, les hommes et le mouvement, et n'avait pas tout à fait appréhendé l'isolement dans lequel elle se trouvait dorénavant. Heureusement, sa grande adaptabilité lui permettait de positiver, et elle allait de l'avant, comme elle l'avait toujours fait.

Héléna arriva le 2 mai vers onze heures du matin, et fut la première à s'installer dans sa chambre, qu'elle avait choisie avec soin. Elle était sensible aux énergies et avait besoin de se sentir en phase avec son environnement. Paul avait été contraint de changer le lit de place, de décrocher les tableaux du mur et de retirer les objets tranchants. Il avait également, à sa demande, fixé au mur une barre de danse. L'ex-étoile, habituée à une discipline de fer, s'exerçait tous les matins, en dépit de ses articulations qui la faisaient souffrir. Elle rangea ses vêtements par couleur dans le placard et disposa dans sa chambre de nombreux objets, poupées, chaussons de danse, plantes en tous genres, pierres, etc. Quand tout fut en ordre, elle brûla de la sauge, qu'elle passa tout autour d'elle et dans chaque recoin de la chambre, et disposa du gros sel dans une coupelle posée sous son lit, qu'elle viderait dans sept jours, afin de nettoyer les mauvaises énergies.

En début d'après-midi le même jour, un camion s'arrêta devant la maison, suivi d'une Mercedes noire, dont jaillit Grégoire Delatour. Il portait un jean brut et un pull en cachemire. Depuis le salon, Raphaëlle, Fanny et Héléna l'observaient faire des gestes de chef d'orchestre pour guider les déménageurs, trois hommes qui manœuvraient le plus délicatement possible son piano. Angoissé, Grégoire leur donnait directive sur directive. Lorsque l'instrument atterrit enfin sur la terre ferme, il s'épongea le visage. Raphaëlle alla à sa rencontre.

– Calme-toi, Grégoire ! lui dit-elle. Tout va bien se passer.

– Que je me calme ? répliqua-t-il. Tu sais combien coûte cet instrument ?

Les trois hommes firent rouler le piano.

– Doucement ! s'écria Grégoire.

Le piano arriva enfin au pied de l'escalier bleu. Les hommes le soulevèrent, gravirent les marches et le reposèrent délicatement devant la porte de la maison. Il fut basculé sur un côté pour passer le chambranle, puis de nouveau poussé jusqu'au salon, à la place exacte où Grégoire l'avait visualisé lors de sa toute première visite de la maison.

– Tu as vu ça ? dit-il à Raphaëlle. Je te l'avais dit, c'est la perfection absolue !

Effectivement, le piano n'aurait pu trouver meilleur emplacement.

L'arrivée de Claire fut nettement moins mouvementée. Elle n'avait pris avec elle que quelques meubles auxquels elle tenait. Ils furent hissés dans sa chambre, située au premier étage de la maison. Le plus gros de ses cartons contenait ses précieux livres, qui l'avaient suivie toute sa vie et dont elle ne pouvait se passer. À sa demande, les déménageurs installèrent sa bibliothèque face à son lit pour qu'elle puisse les voir dès son réveil. Pour Claire, il n'y avait pas de vision plus réjouissante qu'une bibliothèque garnie de livres. Lire venait à bout de n'importe quel dimanche pluvieux, du plus douloureux des chagrins d'amour, de toutes les trahisons. Elle aimait les grands auteurs. Son préféré était Montaigne. Elle l'aimait tant qu'elle s'était rendue à la bibliothèque Mériadeck pour voir « en vrai » l'édition de Bordeaux des Essais lorsqu'elle y fut brièvement exposée. Habituellement conservé dans la chambre forte de la bibliothèque, l'ouvrage n'avait pas été montré au public depuis 1991. Il s'agissait d'une édition qui avait été consultée par Rousseau, par Montesquieu et par Flaubert, entre autres. Elle se souvenait encore de l'émotion qu'elle avait ressentie à la vue de l'ouvrage original annoté de la main de Montaigne.

Une nouvelle vie commençait pour Raphaëlle, sans qu'elle sache encore où tout cela allait la mener. Ses colocataires étaient installés, à l'exception de Jacob, qu'on attendait d'un jour à l'autre. Assise devant sa toile, elle se sentait désemparée. N'avait-elle pas fait une erreur colossale en emménageant dans cette maison ? Qu'arriverait-il si cela ne se passait pas bien ? Elle essaya de canaliser son angoisse en peignant, mais en fut une fois de plus incapable.

15

Jacob annonça au groupe qu'il s'installerait à Giverny le 12 mai. Il était attendu aux alentours de dix-neuf heures. La journée avait été chaude, mais le temps se rafraîchissait à vue d'œil, et des éclairs zébraient le ciel. À vingt heures, Raphaëlle reçut un appel sur son portable : Jacob était tombé en panne aux environs de Bonnières. Paul proposa d'aller le chercher, et demanda à Raphaëlle de l'accompagner. Surprise, elle accepta cette proposition avec un mélange de plaisir et d'anxiété. Pendant le trajet, elle essaya de se concentrer sur la route, mais n'y parvenait pas. Chaque fois qu'elle croisait le regard de Paul, elle avait l'impression qu'il connaissait la teneur de ses pensées, et cela l'embarrassait.

À Giverny, Fanny guettait leur retour. Une forte pluie s'abattit soudain sur la maison. Elle regarda sa montre. Il était près de vingt et une heures. Elle commençait à s'inquiéter. Héléna, Claire et Grégoire étaient attablés dans le salon devant un savoureux plat de pâtes. Le pianiste racontait par le menu le concert privé qu'il venait de donner à Londres, et pour lequel il avait été payé une fortune. Fanny sentait monter une certaine inquiétude. À vingt et une heures trente, n'y tenant plus, elle appela Raphaëlle sur son portable. La messagerie s'enclencha immédiatement. Paul et Jacob ne répondaient pas non plus. La pluie se déchaînait au-dehors. À vingt-deux heures, Paul, Raphaëlle et Jacob firent enfin leur apparition, trempés jusqu'aux os.

– Impossible de brancher ma batterie sur celle de la voiture de Jacob, expliqua Paul. Nous avons dû attendre la dépanneuse.

Fanny décida de prendre les choses en main.

– Jacob, venez avec moi, je vais vous montrer votre chambre et vous faire couler un bain, dit-elle en l'entraînant à l'étage.

Elle regarda Paul et Raphaëlle.

– Vous devriez aller vous sécher, leur dit-elle.

– Et moi, personne ne me fait couler de bain ? demanda Grégoire.

– Tu n'as pas pris la pluie, que je sache, rétorqua Fanny.

– Si ce n'est que ça, je peux encore la prendre ! répondit-il avec malice.

Il s'assit devant son piano, et les notes joyeuses de *Singing in The Rain* résonnèrent dans le salon.

Raphaëlle se sentit très gênée lorsqu'elle se retrouva seule dans sa chambre avec Paul. Ses longs cheveux auburn dégoulinaient de pluie et elle serrait ses bras contre son corps pour tenter de se réchauffer.

– Viens, lui dit Paul.

Il l'entraîna dans la salle de bains. Les produits de maquillage de Raphaëlle s'étalaient autour du lavabo, à côté de sa brosse à dents. L'intrusion de Paul dans son espace intime l'embarrassa. Il prit une serviette et s'avança vers elle.

– Qu'est-ce que tu fais ? lui demanda-t-elle en reculant.

Sans répondre, il entreprit de lui sécher les cheveux. Elle sentit la panique la gagner, mais Paul poursuivait sa tâche avec soin. Il passa la serviette dans son cou. Quelques gouttes de pluie glissèrent le long de sa colonne vertébrale, la faisant frissonner.

– Tout va bien ? lui demanda-t-il.

– Je ne sais pas… balbutia-t-elle.

– Dis-moi, murmura-t-il.

Que pouvait-elle lui dire ? Qu'elle avait une envie folle qu'il la serre contre lui ? Que ça faisait près de trois ans qu'elle n'avait pas fait l'amour ? Raphaëlle s'était fait tellement d'illusions sur les gens en général, et sur les hommes en particulier… Elle se disait que Paul se montrait doux et disponible parce qu'il était en mode séduction, mais que si elle cédait tout cela n'aurait plus cours. Cette perspective la fit frémir. Elle avait passé l'âge de ces jeux imbéciles. Elle n'avait jamais eu l'âge, d'ailleurs. Elle sortit de la salle de bains. Paul la rattrapa et l'embrassa. Elle sentit le parfum de la pluie sur ses lèvres humides.

– Je vais te laisser te changer, lui dit-il en s'éloignant d'elle.

Il quitta la chambre et referma la porte derrière lui. Elle mit des vêtements secs et, les joues en feu, rejoignit les autres. Grégoire était très en verve.

– Le concert commence, je m'assieds au piano. Pas une mouche ne vole dans la salle. Je commence à jouer les premières notes, et là, que se passe-t-il ?

Cabotin, le pianiste marqua un temps d'arrêt.

– Un téléphone portable se met à sonner, poursuivit-il.

– Non ! fit Héléna. Quelle indécence !

– Savez-vous ce que j'ai fait ?

Raphaëlle écoutait Grégoire de loin. Ses pensées la ramenaient sans cesse vers Paul et ses lèvres, posées sur les siennes. Le pianiste poursuivait son récit avec entrain.

– J'ai arrêté de jouer, je me suis levé et j'ai dit : « Répondez, cher monsieur ! Cet appel est sans doute beaucoup plus important que le concerto n° 4 de Beethoven ! » Il avait la figure rouge sang tellement il avait honte.

Paul entra dans le salon et les rejoignit. Il s'était changé. Il croisa le regard de Raphaëlle et perçut les émotions qui la traversaient. Elle avait besoin de douceur et d'attention. Il n'y avait rien de pire qu'un homme pressé. La première soirée des nouveaux habitants de Giverny s'acheva dans la bonne humeur.

Le lendemain matin, la pluie avait nettoyé le ciel, et le soleil inondait à nouveau Giverny. Claire invita tout le monde à la rejoindre dans le salon. Elle y avait installé un paperboard, vestige de ses années d'enseignement, et se tenait devant en attendant que ses nouveaux amis s'asseyent.

– Un peu de silence, s'il vous plaît, dit-elle.

– J'ai l'impression de redoubler ma sixième, chuchota Grégoire.

Cela fit rire Raphaëlle, qui retrouvait l'atmosphère de ses années d'école, quand tout était bon pour défier l'autorité et éviter de s'ennuyer.

– J'aimerais que nous organisions notre vie commune, poursuivit Claire. Si nous voulons éviter d'être de simples colocataires, il nous faut un supplément d'âme !

Elle se tourna vers Grégoire, qui levait les yeux au ciel.

– Vous pourriez donner un récital de piano de temps à autre. Qu'en pensez-vous ?

L'air autoritaire et bienveillant avec lequel elle le regardait lui rappela celui de mademoiselle Marteau, sa professeure d'histoire-géographie en quatrième, et il n'eut d'autre choix que d'accepter.

Claire se tourna alors vers Paul.

– Je me suis laissé dire que vous aviez des talents de cuisinier. Accepteriez-vous de nous préparer un repas par semaine avec les produits de votre potager ?

La proposition suscita l'enthousiasme. Paul accepta.

– Héléna, que diriez-vous de nous faire faire un peu de sport ?

– Vous avez l'intention de transformer cette maison en camp militaire ? demanda Grégoire à Claire.

– J'ai l'intention de lutter contre l'individualisme, ça oui ! répondit-elle.

Elle se retourna vers Héléna.

– Vous acceptez ?

Héléna acquiesça.

– Fanny, seriez-vous d'accord pour nous faire de temps en temps un soin énergétique ? poursuivit Claire. Ou pour nous montrer certaines techniques que nous pourrions reproduire ?

– Bien sûr, répondit-elle.

Claire notait tout sur son paperboard. Elle s'adressa ensuite à Jacob.

– Je pense qu'il faudrait que vous soyez notre médiateur.

– Si vous voulez, je peux aussi animer des groupes de parole au cours desquels chacun de nous pourra dire ce qu'il a sur le cœur, suggéra-t-il.

Grégoire faisait des mimiques exaspérées qui amusaient Raphaëlle.

– Je propose qu'on appelle ça les soirées « prise de tête » ! lança-t-il.

Claire soupira, excédée.

– Bien, tout ça prend forme. Quant à moi, j'animerai des soirées culturelles et je vous parlerai des grands auteurs, ajouta-t-elle.

Raphaëlle gardait le silence et se faisait toute petite, espérant que Claire l'oublierait. Grégoire la prit de court.

– Et toi, Raphaëlle, pourquoi tu ne nous apprendrais pas à peindre ?

– Oui… pourquoi pas… balbutia-t-elle.

– Parfait ! Nous voici prêts à commencer ! s'exclama Claire.

Le soleil baignait le salon de lumière, les oiseaux chantaient gaiement… La nouvelle vie au Clos des Anges débutait enfin.

16

Raphaëlle s'éveilla en sursaut, le cœur battant. Elle mit quelques secondes à se souvenir de l'endroit où elle se trouvait. « Tout va bien », se dit-elle en essayant de chasser les angoisses qui l'assaillaient. Quatre heures du matin est une très mauvaise heure pour la laisser prendre le dessus. Elle chercha Zorro, mais il n'était pas là. Elle se tourna sur le côté gauche et tenta de se rendormir, en vain. Le réveil indiquait maintenant quatre heures vingt. Elle se leva et enfila son peignoir. La maison était plongée dans le noir. Elle descendit au rez-de-chaussée le plus discrètement possible pour ne pas réveiller les autres, et se dirigea vers la cuisine. Soudain, elle entendit du bruit et s'immobilisa, paralysée par la peur. Elle se ressaisit, marcha à pas de loup jusqu'à l'entrée, prit un parapluie et revint silencieusement vers la cuisine. Elle se vit livrer bataille avec le malfaiteur, recevoir un coup de couteau et baigner dans son sang en hurlant de douleur. Elle visionna ensuite son enterrement, et entendit les larmes de Fanny. Arrivée sur le pas de la porte de la cuisine, le parapluie à la main, elle tenta de recouvrer ses esprits.

Secoue-toi, bon sang !

Elle prit une grande inspiration, ouvrit la porte, leva son parapluie en se préparant à frapper et… se retrouva nez à nez avec Jacob, qui renversa le bol de café fumant qu'il tenait entre ses mains. L'effet de surprise passé, un grand sourire éclaira son visage.

– Bonjour, lui dit-il.

– Oh mon Dieu ! s'écria Raphaëlle. Je suis désolée, j'ai cru que vous étiez un cambrioleur.

Elle nettoya le café répandu sur le carrelage et passa du sol de la cuisine au pyjama de Jacob, qui la regardait s'agiter, amusé. Elle reposa l'éponge et se tourna vers lui.

– Mais enfin, vous avez vu l'heure ?

– Oui. Vous êtes matinale ! répondit-il.

– C'est vous qui l'êtes ! Que faites-vous là ?

Il souriait toujours.

– Je me lève à quatre heures tous les matins.

– À quatre heures ?

– C'est un pli que j'ai pris très jeune.

– Mais c'est un mauvais pli, Jacob ! Quatre heures, c'est en pleine nuit. Le monde entier est censé dormir, à cette heure-là.

– J'aime déjouer les pronostics.

Ils s'assirent à la table de la cuisine. Raphaëlle balaya de la main quelques miettes de pain, vestiges du dîner de la veille.

– Et vous, Raphaëlle, que faites-vous debout à cette heure ?

Son regard bleu, profond, était rempli d'humanité.

– J'ai fait un cauchemar, lui avoua-t-elle, gênée. Ça m'arrive souvent.

– Vous voulez bien me le raconter ?

– D'habitude, les gens n'ont aucune envie d'entendre les cauchemars des autres, fit-elle.

– Je vous l'ai déjà dit, j'aime déjouer les pronostics.

Le silence était à peine entrecoupé par le tic-tac de l'horloge murale, qui indiquait quatre heures quarante-cinq. Jacob la regardait avec un intérêt sincère.

– Je rêve que je suis la seule survivante d'une ville en ruine. Il n'y a personne d'autre que moi, tout le monde est mort. Soudain, un soldat en tenue de combat s'approche et pointe son arme sur ma tête. Il tire, et je me réveille en hurlant.

Jacob la regarda en hochant la tête.

– Hum…

– Ça veut dire quoi « hum… » ? lui demanda Raphaëlle.

– Le seul survivant à part vous, votre frère en humanité, veut vous tuer. C'est intéressant…

– C'est surtout terrifiant ! s'écria-t-elle.

– Ça fait longtemps que vous faites ce cauchemar ? lui demanda-t-il.

– Depuis que je suis petite.

Il se caressa le menton.

– Hum…

– Vous recommencez ! lui dit Raphaëlle.

– Je recommence quoi ?

– À dire « hum… » !

Il se mit à rire.

– Désolé, c'est un truc de thérapeute. Vous savez, on écoute nos patients, puis on hoche la tête et on dit « hum… ».

Elle observa en silence son visage léonin, son regard profond, sa stature imposante, ses longs cheveux blancs.

– Quel genre de thérapeute étiez-vous ? lui demanda-t-elle.

– Un thérapeute humaniste. Je me suis tout d'abord intéressé à Jung. Son approche, qui prenait en compte la spiritualité, m'a beaucoup intéressé. Ensuite, j'ai rencontré le célèbre psychologue Carl Rogers, et je me suis formé avec lui à l'Approche Centrée sur la Personne, qui est basée sur l'empathie.

– Vous aimiez votre métier ?

– Je l'adorais. J'ai pu me rendre compte, tout au long de ma carrière, à quel point me mettre à la place de mes patients et les accepter comme ils étaient tout en étant pleinement moi-même les aidait.

– Et vous avez guéri des gens ?

Il réfléchit un instant.

– Disons que la relation que nous tissions ensemble leur permettait sans doute d'être plus au contact d'eux-mêmes.

– C'est bien une tirade de thérapeute !

– Vous voyez ce que je vous disais ! Je suis un vieux grincheux.

Il la regarda avec compassion.

– Vous êtes fatiguée, vous devriez aller vous recoucher.

Raphaëlle grimaça tout en se tordant les mains.

– Je ne préfère pas.

– Vous craignez de refaire ce cauchemar ?

– Je vais le refaire, c'est sûr.

– Alors je vais rester avec vous.

Elle hésita.

– Venez, lui dit-il.

Jacob prit son Thermos de café et son journal, et il emprunta l'escalier jusqu'à la chambre de Raphaëlle. Il posa ses affaires sur le bureau.

– Mettez-vous au lit et rendormez-vous.

– Mais… et vous ? lui demanda Raphaëlle.

– Ne vous souciez pas de moi. Je vais faire ce que je fais tous les matins, lire en buvant mon café.

– Vous êtes sûr que ça ne vous dérange pas de rester avec moi ?

– Bonne nuit, répondit-il.

Raphaëlle se mit au lit. Elle voulut dire une dernière chose à Jacob, mais n'en eut pas le temps : elle s'endormit, apaisée.

17

Raphaëlle arrangea sa coiffure, et fit gonfler ses longs cheveux bouclés pour leur donner encore plus de volume. Elle se maquilla les yeux, ajouta une seconde couche de mascara, et déposa du blush sur ses pommettes. Elle jeta un dernier coup d'œil dans le miroir ; elle portait un jean, des boots à talons et un chemisier noir, simple mais élégant. Paul l'attendait dans le salon pour la toute première corvée de courses de la colocation. Ils avaient pour mission de faire le plein de nourriture pour la semaine en tenant compte des goûts de chacun. Quand Raphaëlle avait pris connaissance de la longue liste d'interdits alimentaires d'Héléna, elle avait failli avoir une syncope. Il avait fallu toute la diplomatie de Fanny pour qu'elle se contienne.

Une fois dans la voiture, elle essaya de se détendre, mais la proximité de cet homme auquel elle s'attachait chaque jour davantage la bouleversait.

– Alors, que penses-tu de nos nouveaux amis ? lui demanda-t-il.

– J'ai toujours beaucoup de mal avec Héléna, mais j'aime tous les autres, répondit-elle.

Elle prit conscience qu'elle venait de dire qu'elle l'aimait, puisqu'il était inclus dans ces autres dont elle parlait.

– Enfin, quand je dis que je les aime… je veux dire que je les apprécie… et toi aussi… enfin, tu vois…

Il lui lança un regard amusé.

– Je vois très bien. Sache que je ne fais pas partie des gens pour qui le verbe aimer est un gros mot, lui dit-il.

– Moi non plus.

Ils roulèrent quelques minutes en silence en direction de Vernon. La voiture longeait de vastes champs ; le paysage était magnifique.

– Et toi, que penses-tu de nos colocataires ? demanda-t-elle à Paul.

– Tu sais, moi, je suis un peu en dehors, répondit-il.

– C'est pratique, pas vrai ? rétorqua-t-elle avec une pointe d'agacement dans la voix.

– Qu'est-ce qui est pratique ?

– D'être toujours en dehors.

Un sourire se dessina sur ses lèvres.

– Oui, c'est vrai, avoua-t-il.

Elle l'observa, attendant la suite, mais il n'ajouta rien.

– C'est tout ? lui demanda-t-elle.

– Que veux-tu de plus ?

– Je veux savoir pourquoi tu es toujours en dehors, ici et ailleurs.

– Je ne sais pas…

Elle réfléchit quelques instants.

– Peut-être que c'est ta manière de te protéger ? lui lança-t-elle. Tu peux partir à n'importe quel moment, puisque tu ne t'engages pas. Peut-être que tu es comme Joseph, en fait ?

La conversation devenait épineuse, ce qui n'échappa pas à Paul. Il n'aimait pas parler de Joseph avec Raphaëlle. Il choisit donc de rester silencieux, en espérant qu'elle passerait à autre chose. C'était mal la connaître.

– Tu ne réponds pas ? insista-t-elle.

– Non.

La mutique placidité de Paul la mit hors d'elle. Il arrêta la voiture sur le parking du supermarché. Il y avait peu de monde, à cette heure. Raphaëlle descendit en hâte et claqua la portière. Paul l'observait du coin de l'œil sans dire un mot. Elle pénétra dans le magasin sans l'attendre et slaloma entre les linéaires, déposant mécaniquement dans le chariot les articles qui figuraient sur la liste. Paul avait du mal à la suivre. Au bout d'une dizaine de minutes de ce manège, il l'intercepta.

– Tu ne veux pas ralentir le rythme ?

– Pourquoi ? lui lança-t-elle crânement.

– Je t'ai agacé, pas vrai ?

– Absolument pas.

– Tu mens !

– Je fais comme toi.

Elle s'éloigna, mais il l'obligea à s'arrêter de nouveau.

– Pourquoi dis-tu ça ? Qu'est-ce que je fais qui te déplaît tant ? lui demanda-t-il.

– Tu ne réponds jamais aux questions, tu gardes toujours une porte de sortie, tu prétends être présent et fiable, mais tu es prêt à foutre le camp en moins de deux. Ça ne m'étonne pas que Joseph t'ait pris sous son aile. Tu es exactement comme lui.

Paul encaissa le coup en serrant les mâchoires. Il décida d'attendre qu'elle se calme, et la laissa finir les courses en mode militaire. Elle était d'une redoutable efficacité quand elle était en colère. À la fin, il l'aida à déposer les articles sur le tapis. La caissière, une jolie brune, fit un grand sourire à Paul. Manifestement, ils se connaissaient bien, et la jeune femme semblait très sensible à son charme. Raphaëlle les observa. Elle se demanda avec tristesse ce qui s'était passé entre eux, et se sentit de plus en plus oppressée. Sur le parking, la lumière lui blessa les yeux. Après avoir déposé les courses dans le coffre, elle rangea le chariot et revint à grandes enjambées vers la voiture. Paul la prit par le bras.

– Lâche-moi, lui ordonna-t-elle.

– Et si je refuse ?

Leurs visages se frôlaient. Raphaëlle fulminait. Le corps de Paul était beaucoup trop près du sien. Elle ne savait pas comment réagir. Soudain, la pensée qu'elle ne savait même plus comment faire l'amour lui traversa l'esprit. Ses trois années sans sexe lui semblèrent soudain abominables. Un mélange de colère et de tristesse l'envahit. Le regard amusé que Paul posait sur elle l'énerva plus encore. Elle sentit la crise d'angoisse arriver, mais fut incapable de se contrôler. Son rythme cardiaque s'accélérait, tout son corps se contractait, elle haletait sans parvenir à se maîtriser. Paul posa une main sur son plexus solaire sans la quitter des yeux.

– Inspire, expire… reprends le contrôle de ta respiration… C'est ça, laisse-toi aller… appuie-toi sur moi… descends dans tes sensations… oui, comme ça… c'est très bien…

Autour d'elle, tout se dérobait. Elle s'accrocha à lui tandis qu'il continuait à lui parler doucement. Seules les intonations de sa voix parvenaient jusqu'à son cerveau affolé.

– Visualise ton angoisse, entre dans la sensation… pense à la première fois que tu l'as ressentie… elle est comme une boule que tu jettes au loin…

Raphaëlle eut soudain une vision d'elle, enfant, près du corps de sa mère. L'image, fugace, disparut en un éclair. Paul la tenait fermement contre lui.

– Continue, lui dit-il. Inspire… expire… c'est ça…

La crise d'angoisse prit fin au bout d'une dizaine de minutes. Raphaëlle avait conscience de la main de Paul, toujours posée sur son plexus. Ils étaient très près l'un de l'autre. Elle sentit monter en elle une sensation qu'elle ne pouvait ignorer. Elle était hypnotisée par cet homme, incapable de faire le moindre geste. Il s'approcha d'elle plus encore. Elle passa sa langue sur ses lèvres sèches. Leurs peaux se touchaient. Elle respirait son odeur chaude et boisée, qui lui rappelait celle de Joseph. Tout se mêla à cet instant. La chape de plomb de son passé était soudain mise en lumière par cette étrange lueur qui brillait dans les yeux de Paul. Ils se regardaient, aimantés, absorbés l'un par l'autre. Elle ferma les yeux, offerte, et attendit qu'il l'embrasse… mais rien ne se passa. Lorsqu'elle rouvrit les yeux, il la regardait avec une expression qu'elle ne put déchiffrer. Pourquoi ne l'avait-il pas embrassée ? Peut-être ne lui plaisait-elle pas ? Pourtant, elle avait cru sentir son désir. À quoi jouait-il ? Embarrassée, elle se glissa à l'intérieur de la voiture aussi vite qu'elle le put.

Sur le chemin du retour, elle pria pour qu'il ne dise rien, de peur que ses paroles ajoutent encore à son trouble. Elle regardait par la fenêtre, adoptant une attitude défensive. À son grand soulagement, ils n'échangèrent pas une parole. Paul arrêta la voiture devant la maison et se tourna vers elle, mais elle sortit en hâte avant qu'il ait pu prononcer le moindre mot. Elle ne voulait surtout pas l'entendre dire qu'il ne fallait pas qu'elle s'imagine qu'il y avait quoi que ce soit entre eux et que c'était mieux pour tous les deux qu'ils en restent là. Ils portèrent les courses jusqu'à la cuisine sans échanger un regard. Fanny remarqua immédiatement que quelque chose n'allait pas. Raphaëlle lui fit un sourire crispé, et alla s'enfermer dans son atelier.

– Tu peux me dire ce qui se passe ? demanda Fanny à Paul.

– Rien de spécial…

– Tu me prends pour une conne ?

– Absolument pas.

– Écoute, Paul, je suis clairement dans le camp des « freestyles » de l'amour, mais ce n'est pas le cas de Raphaëlle. Tu comprends ?

– Je crois, oui.

– Donc, si tu as envie de t'amuser, trouve quelqu'un qui a envie de jouer avec toi. Raphaëlle n'a pas le profil.

– Je n'ai aucune envie de jouer, dit Paul.

Fanny soutint son regard et essaya de lire en lui. Cet homme était insondable. Elle avait de l'expérience, mais elle n'aurait su dire s'il était sincère ou non.

– Quel est son plat préféré ? lui demanda-t-il.

– Osso buco à la milanaise, très cher.

– À tout à l'heure.

Il tourna les talons et disparut. Fanny alla dans le jardin et alluma une cigarette. Une petite voix lui murmura qu'il fallait vraiment qu'elle arrête, elle lui fit un doigt d'honneur en pensée. Fumer tue ? Vivre aussi. Elle aspira une nouvelle bouffée de tabac et marcha jusqu'à la mare magique. Les nénuphars étaient alanguis sur la nappe d'eau, dont les reflets émeraude étincelaient par endroits. Elle ramassa un caillou, l'emprisonna dans sa main et formula un vœu, comme le lui avait appris son amie.

Que Raphaëlle soit enfin libérée et heureuse.

En tombant, le caillou troubla à peine la surface de l'eau.

Ils se retrouvèrent tous sur la terrasse aux alentours de vingt heures et s'attablèrent avec entrain pendant que Grégoire servait le vin. Seule Raphaëlle manquait à l'appel.

– Je vais la chercher, dit Fanny.

Elle se dirigea vers l'atelier, suivie du regard par Paul, mais Raphaëlle n'y était pas. Elle emprunta l'escalier. Son amie était dans sa chambre, lovée dans l'un des fauteuils près de la fenêtre. Sa queue-de-cheval haute dégageait son beau visage, qui se dessinait dans le contre-jour.

– Tout le monde t'attend en bas, lui lança Fanny.

– Je ne me sens pas très bien, répondit-elle d'une voix blanche.

Fanny s'avança et vit qu'elle avait pleuré.

– Viens ! Tu vas avoir une surprise.

Intriguée, Raphaëlle se leva et alla dans la salle de bains. Elle se passa de l'eau sur le visage, se remaquilla en quatrième vitesse et descendit avec Fanny. Elle fut accueillie par les acclamations de ses colocataires.

– Alors quoi, tu fais ta star ? lui lança Grégoire. Viens boire un coup !

– Asseyez-vous à côté de moi, ma chère petite, lui dit Claire.

Raphaëlle se joignit à eux en évitant de regarder Paul. Grégoire lui tendit un verre de vin.

– Ce soir, osso buco à la milanaise, annonça Paul.

Elle comprit qu'il avait cuisiné pour elle et lui sourit. Il leva son verre dans sa direction.

– À Raphaëlle et à son Clos des Anges, dit-il.

– À Raphaëlle, répétèrent-ils tous en chœur.

– Et à tous les anges ! ajouta Grégoire.

C'était l'une de ces soirées chaudes et douces où le printemps s'apprêtait à passer le relais à l'été. Le soleil poudrait le ciel de rose, les merles donnaient de la voix tout en haut des arbres. Raphaëlle se détendit. Elle observa ses nouveaux amis et fut surprise de ne pas sentir ce décalage qui l'avait toujours empêchée de s'intégrer à un groupe. À cet instant, elle n'était plus enfermée à l'intérieur d'elle-même, regardant le monde derrière une vitre protectrice, elle en faisait partie. Paul parlait avec Jacob. Il avait relevé les manches de sa chemise, laissant apparaître ses avant-bras, et se recoiffa dans un geste déjà familier à Raphaëlle. Le regard fixé sur lui, elle se surprit à formuler la phrase qui lui venait, petite, quand elle observait son père.

S'il me regarde dans les dix prochaines secondes, ça veut dire qu'il m'aime.

Joseph ne l'avait jamais regardée à temps. Curieusement, la pensée de son père ne provoqua qu'une légère éraflure sur cet instant de grâce. Comptant dans sa tête, elle se concentra sur Paul, qui riait à un propos de Jacob. À la huitième seconde, elle perdit tout espoir. À la neuvième, elle songea que c'était un jeu stupide. À la dixième, il leva les yeux vers elle, l'emplissant d'une joie enfantine.

La soirée se poursuivit jusque tard dans la nuit, tandis que les étoiles s'éparpillaient dans le ciel.

18

« Joseph,

Je vais bien, même si tu ne réponds plus à aucune de mes lettres… Je continue à t'écrire en me disant qu'il y a sûrement une raison pour que tu ne me fasses pas signe… Tu me manques. »

Raphaëlle interrompit sa lecture et se redressa. Le canapé du grenier n'était pas très confortable, mais elle aimait cet endroit. Elle s'y sentait comme hors du temps. Que cherchait-elle en lisant ces lettres adressées à son père ? Elle l'avait si peu et si mal connu… Elle reprit sa lecture.

« Je n'arrive pas à me dire que je vais passer ma vie sans te revoir, sans être à nouveau contre toi, sans entendre battre ton cœur… »

Raphaëlle se sentit soudain triste, comme si elle absorbait la douleur de cette femme qui avait tant souffert elle aussi des silences de Joseph. Elle replia la lettre, se recroquevilla sur elle-même et éclata soudain en sanglots. Elle pleurait les absences de son père, ses silences, son manque d'amour. Elle versait des larmes en pensant à tout ce qu'elle aurait voulu dire à Joseph et qui resterait perdu à jamais maintenant qu'il était réduit en cendres. Elle hoquetait, peinant à trouver son souffle. Une fois encore, son corps se verrouillait, échappant à son contrôle. Elle était haletante et sans forces. Les paroles de Paul, prononcées sur le parking du supermarché, lui revinrent en mémoire : « Visualise ton angoisse, entre dans la sensation… pense à la première fois que tu l'as ressentie… elle est comme une boule que tu jettes au loin… »

Ce jour abominable de novembre lui revint en mémoire. Elle avait tout juste dix ans…

Elle rentre de l'école, son cartable à la main. Elle est heureuse parce que son bulletin scolaire est excellent. Sa mère sera peut-être enfin fière d'elle ! Elle a hâte de le lui montrer, elle grimpe les marches quatre à quatre et ouvre la porte. La maison est plongée dans le silence.

– Maman ?

Personne ne lui répond.

– Maman, c'est moi !

Une angoisse s'empare soudain d'elle. Elle se précipite dans la chambre de sa mère et la découvre allongée sur son lit. Il y a des boîtes de somnifères partout.

– Réveille-toi ! hurle-t-elle. Maman, réveille-toi, je t'en supplie !
Elle la secoue, mais sa mère ne bouge pas. La panique gagne la fillette, qui hurle, le corps tétanisé par une abominable angoisse. Quelque chose se brise à l'intérieur d'elle. Elle ne peut plus respirer, elle suffoque. Il n'y a personne pour l'aider. Il fait noir. Le monde entier est en train de s'effondrer. Aidez-moi, je vous en supplie…

Raphaëlle revint à elle. Elle était confrontée au pire souvenir de sa vie, celui qu'elle avait cherché à fuir par tous les moyens. Elle ressentait un effroi indescriptible.

Pourquoi je n'ai pas pu t'empêcher de mourir ? Pourquoi tu n'as pas eu suffisamment d'amour pour moi pour rester en vie ?

Elle comprit soudain que les crises d'angoisse qu'elle faisait depuis le décès de Joseph prenaient leur source dans la mort de sa mère. Le deuil de son père réactivait celui de sa mère, qu'elle n'avait jamais pu faire. Elle s'obligea à respirer sur quatre temps comme le lui avait appris Paul. Lorsqu'elle parvint à s'apaiser, quinze longues minutes s'étaient écoulées.

Raphaëlle songea à Paul. Était-ce parce qu'il avait été si proche de son père pendant toutes ces années qu'elle se sentait autant attirée par lui ? N'y avait-il rien d'autre que cela ? D'ailleurs, était-elle vraiment attirée par lui ? Tout n'était-il pas qu'un jeu grotesque auquel elle se prêtait à l'approche de la quarantaine ? Que représentait-elle pour lui ? Était-il attiré par elle uniquement parce qu'elle était la fille de Joseph ?

Elle balaya le grenier du regard et se sentit oppressée. Elle se leva en hâte, rangea l'enveloppe contenant les lettres dans le secrétaire de Joseph et referma la porte. Il fallait qu'elle parle à Paul. Elle faillit heurter Grégoire en sortant de la maison, traversa le jardin en courant et se dirigea vers le chalet. Arrivée à proximité, elle s'immobilisa. Une voix féminine lui parvint. Elle se glissa près d'une fenêtre et vit Paul en compagnie d'une très jolie jeune femme blonde. Leur proximité physique, leur complicité manifeste la troubla. Ils devaient se connaître depuis longtemps. Raphaëlle les observait, incapable de détacher les yeux de ce spectacle qui la meurtrissait. Paul dit quelque chose qu'elle n'entendit pas ; ils éclatèrent de rire. Il caressa la joue de la femme, comme il l'avait fait avec elle, et la prit dans ses bras. Horrifiée, Raphaëlle tourna les talons et s'éloigna du chalet aussi vite qu'elle le pouvait. Elle comprenait enfin pourquoi il se montrait si ambigu avec elle. Il y avait quelqu'un dans sa vie.

Elle pénétra en trombe dans la maison, s'engagea dans l'escalier en courant et fonça dans la chambre de Fanny. Celle-ci sursauta en voyant son amie plantée devant elle, essoufflée, les cheveux en bataille, le visage rouge.

– Que se passe-t-il ? On dirait que tu viens de voir un fantôme.

Raphaëlle, courbée en deux, tentait de reprendre sa respiration.

– Il a quelqu'un... dit-elle à Fanny.

– Qui a quelqu'un ?

– Paul ! J'en étais sûre, insista Raphaëlle.

Elle s'assit dans l'un des fauteuils. Un filet de sueur glacée coulait dans son dos. Elle frissonna.

– Je l'ai vu avec une femme, ajouta Raphaëlle.

Fanny tentait sans succès d'allumer sa cigarette. Elle jeta son briquet dans la poubelle et en chercha un autre dans son sac.

– Tu as vu quoi, au juste ?

– Une très jolie femme... avec lui dans le chalet. Ils parlaient en riant. Je l'ai vu lui caresser la joue, et ensuite il l'a prise dans ses bras.

Fanny alluma sa cigarette et observa Raphaëlle. Elle voyait bien ce que cette nouvelle avait de douloureux pour son amie, mais ne comprenait pas où était le problème. Elle n'avait jamais ressenti le désir de possession et la jalousie propres aux relations amoureuses. Ça l'avait toujours dépassée qu'on puisse considérer quelqu'un comme « son » mec, « son » mari ou « son » n'importe quoi d'autre. Paul avait le droit de vivre ce que bon lui semblait. Il pouvait tout à fait aimer Raphaëlle tout en voyant d'autres femmes. Pourquoi devait-il renoncer à l'ensemble de la gent féminine uniquement parce qu'il avait des sentiments ou une attirance pour elle ? Elle se garda bien d'engager la discussion sur ce sujet, car elle savait que Raphaëlle ne voulait rien entendre. Les rares fois où elle s'était aventurée à donner son opinion sur la question, son amie l'avait vertement remise à sa place. Elle la regardait donc souffrir et se débattre, et chercha ce qu'elle pouvait lui dire pour l'apaiser sans trahir sa propre éthique. Raphaëlle ne lui rendait pas la tâche facile.

– Quel salaud ! fit-elle.

– Tu ne devrais pas dire ça, répliqua Fanny.

– Pourquoi ? lui demanda son amie, soudain agressive.

La conversation prenait un tour délicat, comme souvent avec Raphaëlle.

– Parce que Paul n'est pas un salaud, dit Fanny.

– Ah oui ?

– Oui. Paul est un homme, rien d'autre.

– Et bien sûr, les hommes ont le droit de se comporter comme des porcs, ça ne te gêne pas plus que ça… Tu as couché avec lui ?

Fanny se sentit soudain lasse. Cette situation se produisait régulièrement avec Raphaëlle : elle l'écoutait, la soutenait… et devenait soudain la cible de ses attaques.

– Reste avec l'idée que Paul est un salaud si tu veux. Je ne pense pas que ce soit le cas. Je ne le connais pas plus que ça, je peux me tromper, mais quelque chose me dit que ce type est quelqu'un de bien. Nous devrions nous méfier des conclusions trop hâtives.

– Je vais te laisser tranquille, répondit Raphaëlle sèchement.

Elle sortit de la chambre de Fanny et alla s'enfermer dans la sienne. Elle ignorait comment contenir la rage froide qui la submergeait. Elle avait toujours compté sur Fanny pour l'aider à réguler ses états émotionnels en dents de scie, mais il fallait désormais qu'elle grandisse et qu'elle apprenne à les gérer seule.

Elle rumina pendant tout le reste de la journée, Zorro à ses côtés, et ne sortit de sa chambre qu'à vingt heures pour le dîner. Elle espérait que Paul ne se montrerait pas, mais elle reconnut sa voix en descendant l'escalier. Il était dans le salon, au bras de la jeune femme qu'elle avait vue avec lui au chalet.

– Viens que je te présente, lui dit Paul en s'avançant vers elle.

Elle se sentit défaillir.

– Anna, voici Raphaëlle, dit Paul.

Anna prit sa main et la serra avec chaleur.

– Je suis très heureuse de faire votre connaissance, lui dit-elle.

Paul se tourna vers Raphaëlle, qui faisait un effort surhumain pour ne pas tourner de l'œil.

– Raphaëlle, je te présente ma sœur, Anna, lui dit-il.

Raphaëlle écarquilla les yeux.

– Ta… sœur ? lui demanda-t-elle.

– Je ne t'ai pas dit que j'avais une sœur ? lui dit-il, sincèrement surpris.

– N-non… bafouilla Raphaëlle.

Elle croisa le regard amusé de Fanny et se sentit stupide.

Anna passa la soirée avec eux. Au moment de se séparer, elle serra Raphaëlle dans ses bras avec chaleur. Elle passerait la nuit au chalet avant de repartir pour Lyon, où elle vivait avec son mari et ses deux enfants.

Raphaëlle s'approcha de Fanny.

– Je suis désolée pour tout à l'heure.

– Ce n'est rien, répondit son amie. Bonne nuit, ma belle.

Fanny l'embrassa et regagna sa chambre. Raphaëlle colla son front contre la baie vitrée du salon. Le jardin était plongé dans l'obscurité. Tout le monde était parti se coucher. Elle prit son écharpe et sortit. Le ciel était clair, l'air frais lui fit du bien.

Les nuages courent les uns derrière les autres. Si elle parvient à ne pas cligner des yeux pendant deux minutes, elle pourra demander au ciel tout ce qu'elle veut. Elle sent une brûlure, mais se force à garder les yeux grands ouverts. Des larmes piquantes roulent sur ses joues. Il faut qu'elle tienne encore un peu, elle ne doit pas fléchir. Quand les deux minutes sont passées, elle ferme les yeux, et se concentre.
S'il vous plaît, faites que Joseph m'aime.

19

Grégoire jouait un air de Rakhmaninov. Raphaëlle ferma les yeux et se laissa envahir par la musique, mais Paul lui manquait. Son travail l'accaparait, et il ne rentrerait que tard dans la nuit. Il était régulièrement appelé par des particuliers ou des institutions pour créer, entretenir ou améliorer leurs jardins. Quelques jours auparavant, il lui avait confié qu'il venait de recevoir une proposition pour passer plusieurs mois au Japon. Elle espérait qu'il déclinerait l'invitation. Certes, il faisait partie de la colocation, mais il menait sa propre vie. Il aimait se sentir libre, et cela agaçait Raphaëlle. Sans oser se l'avouer, elle aurait aimé qu'il soit là en permanence. Elle salua ses amis et monta se coucher. En passant devant la chambre de Jacob, elle hésita. Il était resté quelques instants avec eux après le dîner, et s'était retiré peu après vingt-deux heures. Elle frappa, en espérant qu'il ne dormait pas encore. À son grand soulagement, la porte s'ouvrit. Un livre à la main, il l'invita à entrer.

– Je ne vous dérange pas ?

– Vous ne me dérangez jamais, répondit-il chaleureusement en enlevant ses lunettes.

Ils s'assirent l'un en face de l'autre. Les rideaux entrouverts laissaient apparaître la lune, escortée par les étoiles qui prenaient leurs quartiers dans le ciel.

– Que lisez-vous ? demanda Raphaëlle à Jacob.

– *Pratique de la voie intérieure ; le quotidien comme exercice,* de Karlfried Graf Dürckheim. Écoutez le résumé, ça va vous intéresser.

Jacob chaussa ses lunettes et lut à voix haute.

> « Tout ce qui est vivant doit se développer en vue d'une "réalisation", et il en va de même pour l'homme. Mais l'homme, lui, ne deviendra jamais ce qu'il doit devenir s'il n'y contribue par son effort. Il doit se prendre comme un "ouvrage" entre ses mains, s'exercer sans cesse en vue du plein accomplissement, c'est-à-dire lui-même, en tant qu'homme. Qu'entendons-nous par "œuvre réussie" ? Que pouvons-nous faire ? Que devons-nous apprendre ? Quelles expériences devons-nous prendre au sérieux et "assimiler" ? En quoi consiste l'"exercice" ? Quelles sont les conditions de la réussite ? C'est ce que l'auteur, maître expérimenté, expose dans cet ouvrage en prenant le quotidien comme exercice. »

– C'est si compliqué, Jacob ! s'écria-t-elle. Je ne sais même pas ce que je dois devenir. Tout est tellement embrouillé dans ma tête.

Elle décroisa ses jambes et s'enfonça un peu plus dans le fauteuil. Le calme qui se dégageait de Jacob était palpable.

– Je me demandais… Que faites-vous tout seul, à quatre heures du matin ?

– J'écoute le silence, répondit Jacob.

– Vous écoutez le silence ? répéta Raphaëlle, surprise.

Il posa ses lunettes sur la table basse.

– Dans le silence se trouve le secret de la vie. Tôt le matin, quand tout est calme et immobile, je reste là et j'attends.

– Vous attendez quoi ?

Un sourire passa sur ses lèvres.

– Je suis comme un plongeur en haute mer, qui passe par différents paliers de décompression. Je descends toujours plus profondément et je suis de plus en plus seul. Parfois, je prends peur, je manque de courage. Cette masse opaque et silencieuse des grandes profondeurs me terrasse. J'ai peur d'y être englouti. Je remonte alors à la surface, conscient de mon impossibilité à accéder à ce que je recherche pourtant avec tant de force. Je reste assis, le cœur battant, ému et effrayé par ce que je n'ai fait qu'entrevoir. Je sais que de mystérieux secrets sont dissimulés tout au fond de la vie, que pour y accéder il faut être suffisamment fort pour supporter de traverser un espace de solitude abyssale et que cet espace n'est accessible qu'aux âmes vaillantes, capables de supporter les plus grandes douleurs sans chercher à les anesthésier. Alors, je me rends à la vie, je ne résiste plus. Je n'essaye plus de lutter, de me défendre ou de m'enfuir. Je me rends. Et me constituer ainsi prisonnier me libère.

– De quoi ?

– Du poids de moi-même.

Raphaëlle le regardait. Elle sentit pour la première fois qu'il portait en lui une indicible douleur.

– C'est un poids lourd ?

– Parfois, oui…

Raphaëlle était intriguée. Qu'avait donc vécu cet homme si chaleureux et si bienveillant ?

– Qu'est-ce qui pèse autant ? demanda-t-elle.

Une lueur étrange brilla dans les yeux de Jacob.

– Le passé, je crois.

– Quel passé ?

– Celui dont on ne peut pas parler. Vous savez cela, vous aussi, n'est-ce pas ?

– Oui…

Elle hésita. Devait-elle le pousser à parler de lui ? Elle brûlait d'en savoir plus.

– Racontez-moi le passé dont vous ne pouvez pas parler.

Il la dévisagea quelques instants, comme s'il voulait s'assurer des raisons qui la poussaient à le questionner. Elle eut l'impression d'être mise à nu.

– Il faut remonter loin, dit Jacob.

– Loin jusqu'où ? demanda-t-elle.

Il resta silencieux un moment, le temps que le passé ressurgisse.

– Loin jusqu'en Pologne. Dans les années trente, répondit-il.

– C'est là que vous êtes né ?

– Oui. Dans un petit village.

– Que faisaient vos parents ?

– Mon père était dans la confection. Il était tailleur. Ma mère s'occupait de nous. C'étaient des gens simples, remplis d'amour.

Le regard de Jacob se voila. Une partie de lui n'était plus au Clos des Anges.

– Vous aviez des frères et sœurs ?

– Un frère et une sœur, répondit-il.

– Où sont-ils ?

– Ils sont morts dans les camps.

Il y eut un long silence.

– Vous avez été déporté ? parvint-elle à articuler.

Une ombre passa sur le visage de Jacob. Son regard était rempli de douleur.

– Peut-être pourrions-nous parler d'autre chose ? Il est bien tard pour évoquer tout cela.

Ces propos rappelèrent à Raphaëlle ceux de Joseph, qui ne voulait jamais parler de quoi que ce soit avec elle. Soudain, elle eut peur.

– Pourquoi ne pourrions-nous pas évoquer ensemble les choses graves ? lança-t-elle, fébrile.

Un sourire se dessina sur les lèvres de Jacob. En tant que thérapeute, il avait passé sa vie à écouter des choses graves, mais avait rarement parlé de celles qu'il avait lui-même traversées.

– Ma famille et moi avons vécu dans le ghetto de Varsovie, dit-il.

– Quel âge aviez-vous ?

– Six ans.

– Comment était-ce ?

– C'était… inhumain, répondit-il. Imaginez quarante pour cent de la population entassée dans huit pour cent de la superficie de la ville. Les cadavres s'amassaient dans les rues, les gens mouraient de faim et de froid… Ensuite, on a été emmenés dans le camp de concentration de Bergen-Belsen.

Raphaëlle l'écoutait, bouleversée.

– Nous avons échappé à la déportation à plusieurs reprises. Une fois, ma mère a été mise dans un convoi et mon père, avec la complicité d'un capo qui l'aimait bien, lui a glissé un outil de travail dans la main pour faire croire qu'elle ne faisait pas partie du convoi. Le capo a fermé les yeux quand elle est descendue du train. Mais un jour, mes parents, mon frère et ma sœur ont été déportés à Treblinka, un camps d'extermination situé à environ quatre-vingts kilomètres de Varsovie. Ils ne sont jamais revenus.

– Et vous ? lui demanda Raphaëlle.

– Moi, j'ai eu de la chance. Une femme m'a caché sous une bâche, et le train est parti à Treblinka sans moi.

– Vous êtes le seul survivant ?

Jacob se leva et alla à la fenêtre. La lune était cerclée d'un halo de lumière.

– Avec la sœur de mon père, oui. Mais assez parlé de tout ça.

Raphaëlle le rejoignit près de la fenêtre. Ils restèrent silencieux quelques instants, puis elle se tourna vers lui.

– Comment avez-vous fait ? lui demanda-t-elle.

– Comment j'ai fait pour quoi ?

– Comment avez-vous fait pour continuer à vivre malgré tout ça ?

Jacob ferma le rideau. La lampe de chevet diffusait dans la chambre une lumière chaude.

– Ce n'est pas moi qui ai continué, c'est la vie. À la libération, j'avais dix ans. J'ai d'abord atterri dans un camp pour personnes déplacées. Un jour, ma tante m'a retrouvé et je suis parti vivre avec elle. Nous étions les deux seuls Kowalsky encore en vie. Vous imaginez le poids de ma responsabilité ! conclut-il dans un éclat de rire.

Le rire de Jacob ne ressemblait à aucun autre. Ses yeux d'un bleu limpide, malicieux, chaleureux, étincelaient, sans qu'on puisse toujours savoir s'ils étaient gais ou s'ils pleuraient. Les larmes qui perlaient sous ses paupières n'étaient visibles que de ceux qui savaient observer les traces furtives que la vie laisse en nous, lorsque nous avons été victimes d'un éboulement et que nous sommes écrasés par le poids d'un inconsolable chagrin. Raphaëlle songea que la véritable tristesse n'avait peut-être pas d'autre choix que de rire, rire jusqu'à ce qu'elle ait compris que nous ne capitulerons jamais devant sa noirceur.

– Il faut continuer à vivre, conclut Jacob. C'est ce que vous faites, vous aussi.

– Moi, je n'y arrive pas très bien, répondit-elle.

– Ce n'est pas mon impression, au contraire.

– Vous ne vous sentez jamais…

Elle laissa sa phrase en suspens.

– Fatigué ? Désespéré ? À bout de souffle ? poursuivit-il.

– Oui…

– Si, parfois, mais à l'intérieur je suis toujours le petit Jacob Kowalsky, le miraculé qui a échappé aux camps de la mort par la grâce d'une inconnue qui l'a dissimulé sous une bâche. Je ne devrais pas être là, ça change beaucoup la perspective.

– Mais cette perspective aurait pu rendre les choses insoutenables ! Vous devriez être brisé, dépressif, sans forces, or vous êtes plus vivant que tous ceux que je connais, qui n'ont pourtant pas vécu le quart de ce qui vous est arrivé. Quel est donc votre secret ?

Jacob eut un sourire en l'écoutant.

– Peut-être que, pour aimer vraiment la vie, il faut avoir été tout près de la perdre. Lorsque vous comprenez que tout ce qui nous entoure n'est rien d'autre qu'un douloureux théâtre où chacun joue son rôle sans conscience, en répétant génération après génération les mêmes schémas, vous vous décalez de cette funeste narration et vous êtes alors en mesure d'adopter un autre point de vue. J'ai eu la chance cruelle, en perdant toute ma famille dans les camps, d'être entièrement déprogrammé. Je n'étais plus le « fils de » ou le « frère de », je n'étais plus rien ni personne. À l'âge de six ans, j'étais déjà passé de l'autre côté. Tout ce qu'on m'avait appris, enseigné, montré, avait été contredit et foulé aux pieds par le réel. Tout était mort. Alors, bien sûr, il faut d'abord survivre à cela physiquement, puis y survivre psychiquement. J'y suis parvenu en restant sur la ligne de crête, en côtoyant la folie et le désespoir sans jamais y sombrer. J'ai toujours pensé que, pour trouver la lumière, il fallait savoir apprivoiser l'ombre, la connaître, l'explorer, ne plus en avoir peur. C'est ce que j'ai tenté de faire.

– Qui vous a appris ça ? lui demanda Raphaëlle.

– Je ne sais pas… ma tante, peut-être. Elle était rescapée, comme moi. Elle m'a élevé.

– Comment était-elle ?

– Dure. Elle avait perdu la religion dans les camps, elle en voulait à Dieu. Celui auquel elle avait cru toute sa vie l'avait trahie, abandonnée. Elle lui vouait une haine singulière. Non qu'elle niât son existence, elle continuait même à lui parler, mais elle niait sa puissance. Elle pensait qu'il avait été destitué par le mal et qu'il était retenu prisonnier quelque part. Elle lui en voulait de nous avoir fait croire qu'il était tout-puissant alors que les nazis l'avaient neutralisé en un rien de temps. Elle continuait pourtant à lire des livres religieux et philosophiques, et à se questionner. L'une des questions qui la passionnaient concernait l'origine et la vraie nature du mal. Est-il intrinsèque à la vie ou est-il le produit de l'homme ? Où se trouve le germe du mal ? Est-il en nous dès la naissance ou le fabriquons-nous à partir d'une cause ou d'un stimulus extérieur ? Nous passions des soirées entières à discuter de ces sujets… sans jamais avoir de réponse. L'amour du questionnement est sans doute l'une des principales caractéristiques du judaïsme !

Il marqua un temps d'arrêt.

– Faites confiance à la vie, Raphaëlle. Elle ne ferme jamais une porte sans en ouvrir une autre.

20

Raphaëlle reposa son pinceau et referma son tube de peinture à l'huile. En dépit de tous ses efforts, l'inspiration ne revenait pas. Zorro était couché à ses pieds. Elle regarda les tableaux de sa série États d'Âmes, dans lesquels elle avait mis tout son cœur. Elle les aimait beaucoup, et aurait voulu passer des heures à parfaire les couleurs, la lumière, les visages. Rien ne lui semblait jamais fini, mais elle avait appris à s'arrêter et à accepter l'imperfection. Quand elle achevait une œuvre, elle faisait face à un curieux mélange de vide et de plein. Cette mise au monde la laissait tout à la fois remplie et comme orpheline d'une partie d'elle-même. Elle se concentra, tentant de puiser dans ses peintures l'énergie dont elle avait besoin pour créer à nouveau, mais elle ne ressentait rien d'autre qu'un vide abyssal. Tout ce qui, avant la mort de Joseph, vibrait en elle lorsqu'elle travaillait à son art était désormais inerte, sans vie. Une brûlure qu'elle n'avait encore jamais ressentie consumait son bas-ventre. Son cœur était glacé. Et si elle ne parvenait plus jamais à peindre ? Et si son talent était mort en même temps que Joseph ? Elle fut prise de vertige. Tous les « et si » qui crépitaient dans son cerveau surchauffé menaçaient son fragile équilibre. Elle eut soudain peur d'une nouvelle crise d'angoisse. Ses pensées dérivèrent jusqu'à Paul. Depuis leur face-à-face sur le parking du supermarché, ils ne s'étaient plus jamais retrouvés seuls. Raphaëlle se répétait qu'elle était ridicule, mais ça faisait si longtemps qu'elle n'avait pas senti battre son cœur aussi fort qu'elle en était presque heureuse. Lorsqu'elle pensait à lui, elle retrouvait cette capacité à rêver, à s'enthousiasmer, à se sentir vivante. L'image de Paul s'imposait à elle chaque jour un peu plus, même si la plupart du temps elle faisait tout pour la chasser.

Un bruit de pas venant du jardin lui fit lever la tête. Paul était de l'autre côté de la baie vitrée. Les battements de son cœur suspendirent leur vol, mais elle parvint à se ressaisir et à lui sourire. Il entra dans l'atelier.

– Je me suis rendu compte que tu ne m'avais pas encore montré tes peintures. Est-ce que je peux les voir ?

Il l'avait aidée à décharger les cartons qui renfermaient ses œuvres et son matériel lors du déménagement, mais c'était la première fois qu'il venait vraiment dans son atelier depuis qu'elle avait emménagé à Giverny. Il vit Zorro, couché aux pieds de Raphaëlle.

– Comment as-tu fait pour apprivoiser ce chat ? D'ordinaire, c'est un vrai sauvage !

– C'est lui qui m'a apprivoisée, je crois, répondit-elle.

Il se tenait face à elle. Elle chercha quelque chose à dire pour masquer son trouble.

– Il paraît que les chats ont sept vies, murmura Raphaëlle. Tu en as combien, toi ?

– Une seule, mais je la vis pleinement, répondit-il. Et toi, combien de vies ?

– Une demie…

– Une demi-vie ? répéta-t-il.

– Je crois, oui.

Elle réfléchit quelques instants.

– Je ne sais pas très bien vivre, dit-elle. Mais ça, tu l'avais remarqué. Je n'ai pas le mode d'emploi.

– Parce qu'il y a un mode d'emploi ?

– Je ne sais pas… Quand je regarde les gens, j'ai l'impression qu'ils savent comment faire, eux.

– C'est curieux, je n'ai pas cette impression. S'ils savaient vraiment quoi faire, tu ne crois pas que le monde irait mieux ?

– Sans doute, oui… répondit-elle en souriant tristement.

Paul regarda chacune de ses œuvres sans dire un mot. Il ne jetait pas un simple coup d'œil, il prenait tout son temps, absorbé par ce qu'il voyait.

– Tu as une telle sensibilité, murmura-t-il. C'est magnifique.

Raphaëlle aurait voulu conserver cet instant, le retenir pour que rien, jamais, ne l'abîme. Paul, lui, n'avait pas ce genre de pensées. Il n'avait pas peur de vivre. Le soleil filtrait de derrière un banc de nuages, nimbant l'atelier d'une douce lumière. Le ciel devint blanc et la pluie se mit à tomber. Paul s'arrêta devant la toile inachevée de Raphaëlle.

– Cette femme me fait penser à toi.

Raphaëlle attendit la suite, le souffle court.

– Elle est vivante et solaire, mais elle n'y arrive pas. Elle est triste…

– Elle n'arrive pas à quoi ? demanda Raphaëlle, fébrile.

– À vivre. Elle a peur.

– Peur de quoi ?

– De tout. D'elle-même, de sa joie, de ses douleurs. De la vie.

Raphaëlle se raidit.

– C'est comme ça que tu me vois ?

– Entre autres, oui.

Sans prendre le temps de saisir ce qu'il tentait de lui dire, Raphaëlle se sentit jugée et mise en cause, à un moment où elle était fragile.

– Je n'arrive plus à peindre, et ce que tu viens de dire ne va certainement pas m'aider, s'écria-t-elle.

– Au contraire ! poursuivit-il. Tu dois prendre le taureau par les cornes et te remettre à créer.

Les propos de Paul la bousculaient. Elle se sentait mal. Il la prit par le bras.

– Arrête de te cacher derrière des masques qui ne servent qu'à t'isoler du reste du monde. Tu ne vois pas que, cette femme, c'est toi ? Qu'elle porte tes masques ?

Elle se figea, glacée par ses propos. De quoi parlait-il ?

– Peut-être que tu n'arrives pas à la terminer parce que la mort de Joseph a arraché tes masques et que tu es enfin à nu. C'est le moment ou jamais de te jeter à l'eau. Vas-y, bon sang !

La pluie se mit à cingler la baie vitrée.

– Pourquoi dis-tu ça ? s'écria-t-elle. Tu n'as pas à me juger !

– Je ne te juge pas, Raphaëlle.

– Bien sûr que si ! Moi qui pensais que tu étais de mon côté…

– Mais je le suis ! répliqua Paul.

Elle s'éloigna de lui.

– Non, tu ne l'es pas.

– Arrête tes enfantillages…

Elle lui tourna le dos. Son regard était fixé sur la cime des arbres qui bordaient l'atelier.

– Je préfère que tu t'en ailles, conclut-elle.

Il la regarda se terrer dans un endroit où elle était inaccessible et comprit qu'il était inutile d'insister.

– Si c'est ce que tu veux…

Elle entendit la porte de l'atelier se refermer. Elle suffoquait, et dut s'accrocher à une chaise pour ne pas s'effondrer, pour ne pas sombrer dans le vide qui s'ouvrait en elle, le même qu'elle avait toujours ressenti face à Joseph. Son passé et son présent se confondaient sans qu'elle en ait conscience. Elle ne comprenait pas que les propos de Paul réactivaient le manque d'amour initial et le rejet contre lequel elle se débattait depuis toujours. Elle était déchirée, abattue. Elle pensait avoir enfin rencontré un homme digne de sa confiance, avec lequel elle pourrait tisser une relation sincère et durable, et elle se retrouvait une fois de plus face à un mensonge. Elle ferma les yeux.

Sa mère la tire par le bras et s'énerve après elle, comme toujours. Elle parvient à lui échapper et s'éloigne en courant. Elle cherche Joseph. Elle voudrait qu'il la prenne dans ses bras et qu'il la serre très fort contre lui. C'est ce que font les pères avec leurs filles, non ? Elle ouvre la porte du grenier. Il lève la tête. Elle s'élance vers lui, mais son regard glacé stoppe son élan. Elle fait demi-tour, suffoque et court se réfugier dans sa chambre. Elle se jette sur son lit en sanglotant.

Je ne pourrai jamais supporter la vie. Je vais mourir d'indifférence.

Raphaëlle eut soudain envie de courir dans le jardin et de sentir la pluie sur son corps. Elle voulait retourner à la terre, s'y rouler et s'y fondre pour cesser de penser et être enfin libérée de ses blessures. Elle resta immobile, le front collé à la vitre de l'atelier, et regarda le ciel pleurer toutes les larmes qu'elle conservait en elle. Zorro se frotta contre ses jambes et leva la tête vers elle.

Lorsqu'elle rejoignit les autres sur la terrasse pour le dîner, le ciel était limpide. La pluie avait cessé et le jardin exhalait un parfum boisé et fleuri. Paul était déjà là. Elle prit soin d'éviter son regard. Claire parlait de Montaigne, son auteur favori.

– Vous vous rendez compte ? Il s'est retiré du tumulte du monde pour se prendre lui-même comme sujet d'observation et comprendre ce qu'est un homme. Il a observé son quotidien jusque dans sa plus grande banalité, et a couché sur le papier ses pensées, ses sensations, ses réactions.

Héléna servit à chacun un pavé de saumon accompagné d'une purée de carottes au cumin. C'était délicieux. Raphaëlle fixait un point tout en haut d'un arbre, pour éviter de penser à ce qui venait de se passer. Elle croisa le regard chaleureux de Paul. À quoi jouait-il ? Elle repensa à leur conversation dans l'atelier, et décida de fermer son cœur à toute émotion pouvant la rattacher à lui. Elle se concentra sur la voix de Claire.

– … Montaigne a eu six enfants, dont cinq sont morts en bas âge. Il a écrit qu'il n'en avait conçu aucune affliction.

– Comment expliquer ça ? s'écria Raphaëlle. Comment un père peut-il ne pas aimer ses enfants ?

– Pour lui, on aime quelqu'un qui mérite de l'être, répondit Claire. On ne peut pas aimer un enfant s'il ne présente que des défauts.

Raphaëlle songea que c'était sans doute pour cela que Joseph ne l'avait jamais aimée, parce qu'elle ne présentait que des défauts.

– Aimer ses enfants devrait être une obligation, poursuivit-elle, ou alors il ne faut pas en faire.

Héléna reposa son verre de vin sur la table.

– C'est un sujet tabou ! On n'en parle pas, mais il y a plus de gens qu'on ne croit qui n'aiment pas leurs enfants, dit-elle. Beaucoup d'entre nous sont venus au monde sans avoir été désirés et ont grandi sans amour.

Elle marqua un temps d'arrêt.

– Ensuite, il faut se débrouiller avec ça…

Elle croisa le regard de Raphaëlle, qui se demanda ce qu'elle avait vécu pour parler ainsi.

– J'ai eu à plusieurs reprises des personnes qui venaient me voir en consultation parce qu'elles n'aimaient pas leurs enfants, dit Jacob. Elles n'y arrivaient pas. À leur désarroi s'ajoutait la culpabilité.

– Et vous leur disiez quoi ? demanda Fanny.

– Il y avait plusieurs cas de figure. Souvent, c'étaient des femmes qui n'avaient pas été aimées par leur propre mère, mais il y avait aussi des femmes et des hommes qui ne ressentaient rien de particulier pour leurs enfants. L'important, c'était qu'ils puissent faire leur devoir de parents malgré cela, leur assurer des soins, une présence…

Il y eut un silence. Claire s'éclaircit la voix.

– Je continue ? demanda-t-elle.

Ils acquiescèrent.

– Montaigne avait été placé en nourrice chez un couple de paysans du Périgord, où il avait été élevé à la dure. L'éducation qu'il avait reçue une fois de retour chez lui, au château d'Yquem, avait été raffinée, à l'opposé de celle de ses premières années, et il a dit que ça avait fabriqué chez lui de la mollesse.

– Évidemment ! C'est ce que je me tue à vous dire ! s'écria Grégoire. Trop de confort rend mou et paresseux. Quand on a tout facilement, on ne se bat jamais pour rien. La psychologie, l'empathie, tous les trucs que vous prônez à longueur de journée ne font que fabriquer des générations de mollassons.

Jacob observait Raphaëlle. Quelque chose n'allait pas. Il le voyait à la façon dont elle clignait des yeux plus vite que d'habitude, à la tension de ses traits et à ses mains, qu'elle tordait nerveusement.

– Je me reconnais aussi beaucoup dans son aversion pour les passions, ajouta Claire.

– Vous avez tort, lui dit Grégoire d'une voix caressante. Vous êtes une passionnée, même si vous semblez l'ignorer. Vous devriez céder à vos désirs inavoués.

Ses yeux noirs étaient rivés sur Claire, qui rougit. À la voir ainsi, le visage animé, le regard étincelant, quelques mèches de cheveux s'échappant de son chignon, Raphaëlle ne pouvait donner tort à Grégoire : cette femme très comme il faut brûlait d'un feu ardent dont elle n'avait pas conscience et que le fougueux pianiste avait perçu. Claire se racla la gorge et poursuivit :

– Montaigne se méfiait des passions, alors qu'aujourd'hui, dans notre société, on a le sentiment qu'il faut être passionné à tout prix.

– Claire a raison, renchérit Raphaëlle. C'est partout, tout le temps : la passion, la passion, la passion. On n'a plus que ce mot à la bouche ! Comme si la passion faisait du bien…

En disant cela, elle ne put s'empêcher de poser son regard sur Paul. Elle se sentit à nouveau trahie, et s'enflamma plus encore.

– La passion ne sert à rien, elle est néfaste et dangereuse. Vous aimez quelqu'un et vous vous retrouvez déçu, trompé et malheureux. Il faut se détacher complètement de tout ça pour que cette vie reste à peu près supportable.

La conversation dériva sur d'autres sujets, mais Raphaëlle conservait cette douleur dans le cœur. Elle se sentait de plus en plus isolée. Elle entendait les conversations autour d'elle, mais c'était comme si elle était très loin de tout, déconnectée du réel. Paul, qui avait semblé surpris par sa harangue, parlait maintenant avec Jacob. Elle ne pouvait s'empêcher de le fixer, détournant les yeux lorsqu'il regardait dans sa direction. Pour une fois qu'un homme lui plaisait vraiment... À la fin du repas, elle regagna sa chambre sans dire au revoir à quiconque.

Quelques minutes plus tard, on frappa à la porte. Elle ouvrit, persuadée que c'était Fanny, mais se trouva nez à nez avec Paul. En proie à la panique, elle recula, incapable de prononcer le moindre mot. Il pénétra dans la chambre sans lui laisser le temps de réagir et referma la porte derrière lui.

– Que se passe-t-il ? lui demanda-t-il en l'observant avec attention.

– Rien du tout, répondit-elle, sur la défensive.

– Est-ce qu'on peut se parler franchement pour une fois ?

– Je crois que j'en ai assez entendu tout à l'heure. Je préfère qu'on en reste là.

– Tu as mal interprété mes propos, lui dit-il. Je ne voulais pas te blesser, bien au contraire.

Elle fit un geste de la main, comme si cela n'avait plus vraiment d'importance. Elle était lasse.

– Qu'est-ce que tu as, Raphaëlle ?

– Je ne suis qu'une idiote.

– Pourquoi tu dis ça ?

Elle tourna la tête vers la fenêtre. Garder le silence lui donnait l'impression d'être protégée. À quoi bon poser des questions à Paul ? N'était-elle pas ridicule ? Qu'attendait-elle de lui ? Des excuses pour ce qu'il lui avait dit tout à l'heure ? Fanny avait raison : il ne lui avait jamais fait de promesses, il ne lui devait rien.

Il l'observait pendant qu'elle se débattait sous une pluie d'émotions contradictoires. Ses cheveux bouclés encadraient son beau visage. Elle portait une longue robe verte et des sandales assorties.

– Tu es magnifique, murmura-t-il.

– Ne dis pas ça, s'écria-t-elle. Je ne veux plus te croire.

Il fit un pas vers elle. Elle se raidit.

– Pourquoi ?

– Parce que tu es comme Joseph et que tu vas me faire du mal, lui dit-elle sans pouvoir retenir ses larmes.

Il sourit.

– Approche-toi, dit-il.

Elle regarda ailleurs, cherchant quelque chose de blessant à dire, un mot, une phrase qui le fasse fuir définitivement, mais elle resta muette. Il tendit la main vers elle. Devait-elle la saisir ? Quelles en seraient les conséquences ? Elle ne voulait plus jamais souffrir. Des millions de pensées s'entrechoquaient dans sa tête. Elle voulait que tout cela s'arrête, elle en avait besoin.

– Approche, murmura-t-il à nouveau.

Elle fit un pas vers lui, puis un autre, et se retrouva dans ses bras. Il la serra très fort contre lui, comme s'il voulait chasser les démons qui la retenaient prisonnière de sa souffrance. Il caressa ses cheveux.

– Tu es fatiguée, lui dit-il avec douceur. Il faut dormir, maintenant.

Elle aimait sa façon de prendre soin d'elle, mais ne put s'empêcher de se demander pourquoi il n'essayait pas d'aller plus loin. Elle songea qu'elle ne lui plaisait peut-être pas tant que ça, et sentit à nouveau sourdre en elle une angoisse familière.

– Bonne nuit, murmura-t-il.

– Attends ! Ne pars pas…

Il la regarda d'un air interrogatif. Elle était embarrassée.

– Tu ne veux pas… rester encore un peu ? balbutia-t-elle.

– Tu veux que je reste ?
– C'est-à-dire que…
– C'est-à-dire que quoi ? Dis-moi.
– Tu n'essayes jamais de…
– De quoi ? lui demanda-t-il avec douceur.
– D'aller plus loin, répondit-elle en le regardant doit dans les yeux.

Il sourit en l'entendant. Les femmes reprochaient en général aux hommes d'aller trop vite.

– Tu as envie d'aller plus loin ? demanda-t-il.

Elle rougit et se troubla.

– Non, ce n'est pas… C'est juste que tu sembles si…

Elle laissa sa phrase en suspens.

– Si quoi ?
– Si distant, parfois.

Il s'approcha d'elle et lui prit les mains.

– Je ne suis pas distant, je fais juste attention, répondit-il.
– Attention à quoi ?
– À toi, à moi, à nous.
– Pourquoi ? lui demanda-t-elle.

Sa question le fit sourire.

– Parce que tu comptes beaucoup pour moi et que je ne veux rien abîmer. Nous ne sommes pas pressés, n'est-ce pas ?
– Non, bien sûr… balbutia-t-elle.

– Bonne nuit, lui dit-il avant de refermer la porte de la chambre.

Elle écouta ses pas dans le couloir. Les battements de son cœur leur faisaient écho. Paul avait raison. Prendre son temps lui permettait de sentir ce dont elle avait vraiment envie. Elle ne voulait plus échanger des manques ou du vide, comme elle l'avait fait jusqu'à présent. Elle ferma les yeux, imaginant Paul à ses côtés, et s'endormit rapidement.

21

Ce mercredi soir, il était près de vingt heures, et Paul n'était toujours pas là. Les autres étaient d'humeur maussade. Assis dans le salon, ils se regardaient sans savoir quoi faire.

– Va le chercher, Raphaëlle ! ordonna Grégoire.

– Je t'ai déjà dit qu'il ne viendrait pas, répondit-elle. Ce soir, il a envie d'être seul.

Grégoire venait de rentrer de Vienne, où il avait donné une série de concerts. Raphaëlle savait qu'il était encore sous pression, chargé de l'exaltation et de l'intensité qu'il avait partagées avec son public.

– Mais il ne peut pas nous laisser comme ça ! Ramène-le aux fourneaux ! insista-t-il.

– Paul ne fonctionne pas comme ça, répondit-elle. Quand il a décidé quelque chose, il s'y tient. Ce soir, il ne fera pas la cuisine. Il faut qu'on se débrouille seuls.

– Raphaëlle a raison, intervint Claire. Nous devons être plus autonomes.

– Paul nous a donné de mauvaises habitudes, dit Fanny.

– Après tout, on se faisait bien à manger avant de le connaître ! s'écria Claire.

– Oui… mais avant lui, ça n'avait pas le même goût, ajouta Héléna.

Jacob intervint.

– Et si je vous préparais mon fameux *Gehackte Leber* ?

– Son quoi ? demanda Héléna à Fanny.

– Mon légendaire foie haché servi sur du pain au cumin. C'est un plat ashkénaze.

– Sans vouloir vous vexer, Jacob, nous préférerions éviter, dit Grégoire. Nous voulons du Paul, rien que du Paul.

Il regarda Raphaëlle.

– Paul craque complètement pour toi. Sors-lui donc le grand jeu ! poursuivit-il.

– Le grand jeu ? s'écria Claire, choquée. Comme si Paul fonctionnait comme ça !

– Vous avez vraiment besoin de vous décoincer, vous ! lui lança Grégoire.

Elle le regarda, médusée.

– De me décoincer ? répéta-t-elle.

– Parfaitement ! Laissez-vous aller ! Ouvrez-vous donc à vos pulsions secrètes !

Raphaëlle reposa son verre de vin et toisa Grégoire.

– Est-ce que tu pourrais faire preuve d'un peu de délicatesse de temps en temps ?

– Ma délicatesse, c'est de mettre les pieds dans le plat. Claire est complètement coincée. Tout le monde le sait, ici ! Elle a besoin d'avoir du plaisir, de jouir de la vie ! De jouir tout court, d'ailleurs.

– Vous êtes odieux et blessant, lui lança Claire.

Il la regarda crânement. Des tics nerveux s'imprimaient sur son visage.

– Mes propos vous blessent ? Tant mieux, ça vous fera évoluer, rétorqua-t-il.

Raphaëlle le fixait, sidérée.

– Comment peux-tu tenir ce genre de propos alors que tu es un artiste ?

– Quel rapport ça a ?

– Tu es censé être sensible et ouvert, or tu te comportes comme un monstre égoïste et froid. Tu as un manque total d'empathie, lui dit-elle.

– Parce que tu crois qu'avoir de l'empathie c'est le nec plus ultra ? s'écria-t-il. Dans la vie, il faut s'en sortir, c'est tout. Et ta foutue empathie n'a rien à y voir.

Il était surexcité, sa voix montait dans les aigus.

– C'est comme la dernière fois, quand vous discutiez de la prétendue part féminine des hommes. Vos théories sont fumeuses ! ajouta-t-il.

– Pourquoi la simple pensée d'avoir une part féminine te met-elle dans cet état ? lui demanda Raphaëlle, excédée. C'est absurde !

Grégoire était décidé à aller jusqu'au point de rupture. La tension dans le salon était palpable.

– À force de prôner l'égalité en tout, on en arrive à un nivellement généralisé par le bas. Vous voulez ôter à chacun sa spécificité pour que tout le monde se ressemble. Et après, qu'arrivera-t-il ? Une fois que nous serons tous des clones les uns des autres et que les hommes pleureront pour un oui ou pour un non avec leur part féminine à la con, vous nous reprocherez de ne plus prendre aucune initiative. Vous nous rendez impuissants en nous coupant les couilles, et vous vous lamentez ensuite sur la perte de notre phallus.

– Mais enfin, l'empathie est très importante dans la vie ! s'écria Raphaëlle.

Héléna intervint.

– Je suis d'accord avec Grégoire, dit-elle. Dans la danse, il n'y a aucune empathie. On s'entraîne et on est bons, ou on dégage, c'est tout. Si on commence à s'écouter, on ne fait plus rien.

Raphaëlle ne put se contenir plus longtemps.

– Qu'est-ce que tu racontes ? Tu parles d'empathie, mais tu n'as aucune idée de ce que c'est. Regarde-toi, ma pauvre Héléna. Tu pèses trente kilos toute mouillée et tu paniques quand tu manges deux pommes au lieu d'une. C'est ça ton idéal de vie ? Être anorexique, incapable de douceur et d'affection ?

Héléna se décomposa.

– Essayons de rester calmes, intervint Fanny.

– Pourquoi rester calmes ? cria Grégoire.

Il se tenait au beau milieu du salon et ne parvenait plus à se contenir.

– Explosons, bordel ! Allez-y, Claire, défoulez-vous ! Réagissez !

Claire gardait le silence. L'atmosphère était électrique.

– Allez, Claire ! Opposez-vous à moi, criez, tapez ! répéta Grégoire. Arrêtez de refouler votre putain de colère !

Soudain, elle se leva et lui asséna une claque sonore. Il se frotta la joue. Un silence pesant suivit cet épisode, puis Claire éclata en sanglots et Raphaëlle se précipita pour la consoler. Grégoire, loin d'être calmé, poursuivit sur sa lancée.

– Laisse-la pleurer ! On n'est pas là pour toujours trouver une épaule sur laquelle poser sa tête !

– Tu es monstrueux, lui dit Raphaëlle.

– C'est la vie qui est monstrueuse, pas moi, rétorqua-t-il. Je ne fais que m'adapter.

Grégoire avait les joues rouges, ses yeux noirs étincelaient. Ainsi, il était d'une étrange beauté. Raphaëlle savait qu'il était encore grisé par ses concerts viennois ; l'exaltation retomberait dans quelques heures à peine, et il plongerait de nouveau dans la mélancolie.

– Vous croyez qu'on m'a consolé, moi ? poursuivit-il. Que je suis sorti du ventre de ma mère avec un piano au bout des doigts ? Vous pensez qu'être reconnu a été facile ? Que le monde m'attendait comme le messie ? J'en ai pris plein la gueule, et je n'ai pas beaucoup vu la couleur de votre foutue empathie. J'ai passé ma jeunesse, seul comme un rat, à m'exploser les doigts sur le clavier. Vous savez pourquoi je suis devenu riche et célèbre ? Pour plaire aux femmes. Mais la seule femme que j'aie vraiment aimée, c'est la musique.

– Alors joue-nous quelque chose ! lui cria Raphaëlle.

Il resta silencieux quelques secondes, puis sourit.

– Entendu, répondit-il. Mais ce soir, je ne vais jouer que pour Claire.

Il s'assit au piano. Les premières notes de Rakhmaninov s'élevèrent, plongeant chacun dans un profond recueillement. La musique de Grégoire agissait comme un baume, mettant un terme aux querelles et aux rivalités. Il joua pendant une trentaine de minutes, totalement absorbé par les notes qui naissaient de ses mains et de son cœur. La musique le transformait, elle atténuait ses aspérités et élevait son âme. Les yeux brillants, les joues rouges, Claire semblait transformée. Raphaëlle ferma les yeux et se laissa envahir par la musique. Lorsque le dernier accord résonna dans le salon, personne ne bougea, comme si chacun voulait conserver cette pluie de notes qui étincelaient comme autant d'étoiles. Les dissensions avaient disparu par la grâce de cette mélodie, qui venait de transformer le plomb des rivalités en or.

22

Raphaëlle courait à perdre haleine dans une forêt sombre et étouffante. Les branches des arbres griffaient sa peau, sur laquelle perlaient de petites gouttes de sang. Une pluie torrentielle s'abattit sur elle. Elle poursuivit sa route, éclaboussée par la boue. Soudain, elle la vit. Les battements de son cœur s'accélérèrent ; elle força l'allure pour parvenir à sa hauteur. La revoir, lui parler, l'étreindre. Elle s'approcha, n'était plus qu'à quelques mètres. Elle tendit les bras devant elle ; la silhouette blanche, qui lui tournait le dos, se retourna lentement. Raphaëlle vit le visage ensanglanté de sa mère et se réveilla en hurlant. Elle regarda autour d'elle, et mit plusieurs secondes avant de se rappeler où elle se trouvait. Le réveil indiquait deux heures trente. Sa première pensée fut pour Paul. Elle avait envie de courir jusqu'au chalet et de se glisser dans son lit pour qu'il la prenne dans ses bras, mais elle était beaucoup trop effrayée pour traverser le jardin maintenant. La perspective qu'il s'emporte ou la rejette acheva de briser son élan. Elle songea à aller réveiller Fanny, mais se ravisa : il fallait qu'elle se débrouille toute seule. Elle avait trente-neuf ans ! Elle devait s'autonomiser et apprendre à gérer seule ses terreurs nocturnes.

Elle n'avait plus fait ce rêve depuis des années. Sans doute était-ce à cause des lettres qu'elle avait trouvées dans le grenier et de cette maison, qui charriait tant de souvenirs. Le fameux « et si… » refit surface dans sa tête et la tortura à nouveau. Et si sa mère ne s'était pas suicidée ? Et si elle n'était pas allée à l'école ce jour-là ? Et si elle avait eu le temps d'appeler les secours ?

Elle est assise sur le lit, à côté de sa mère morte. Elle serre très fort ses bras autour de ses genoux et se balance d'avant en arrière pour essayer de bercer son chagrin. Il n'y a personne dans ce monde. Personne pour consoler les enfants qui pleurent. Aidez-moi, je vous en supplie…

Raphaëlle plaqua ses mains contre ses oreilles pour ne plus entendre les voix qui lui criaient qu'elle aurait pu avoir un passé meilleur. Sa mère ne l'avait jamais aimée. Elle l'avait toujours senti, mais avait enfoui cette douleur tout au fond d'elle, comme si cela n'avait pas d'importance, concentrant ses efforts sur Joseph, faisant tout ce qu'elle pouvait pour qu'il l'aime. Mais lui non plus ne l'avait pas aimée. Assise sur son lit, elle songea pour la première fois depuis des années aux jours qui avaient suivi la mort de sa mère. Sa tante était venue la chercher en lui disant qu'elle vivrait chez elle dorénavant, sans rien ajouter. Pas un mot sur sa mère, pas un geste pour la consoler. Rien. Elle se souvenait de l'enterrement. Joseph n'avait même pas fait le déplacement. Elle s'était réfugiée dans la peinture pour supporter ces années, passées dans un silence opaque qui la prenait chaque jour un peu plus à la gorge. Tout cela avait duré jusqu'à ses dix-sept ans. Cette année-là, elle avait fait la rencontre de Fanny, qui en avait vingt. Il avait suffi d'un regard pour qu'elles se comprennent. Deux jours plus tard, Raphaëlle avait quitté sa tante, qui n'avait rien fait pour la retenir, et s'était installée dans l'appartement de sa nouvelle amie. Fanny la fascinait, pas seulement parce qu'elle était magnifique, mais parce qu'elle faisait danser la vie et semblait contrôler le monde entier. Rien ni personne ne lui résistait. Elle était forte et déterminée, cuisinait, bricolait, et savait se débrouiller seule pour tout. Rien n'était jamais grave avec elle, il y avait une solution à tous les problèmes. À ses côtés, Raphaëlle avait découvert un monde nouveau. Elle avait appris tout ce que sa mère et sa tante ne lui avaient jamais transmis : comment se maquiller, prendre soin d'elle, cuisiner, faire le ménage…

Lorsqu'elle avait vu ses dessins pour la première fois, Fanny avait exigé qu'elle se consacre à sa peinture. Elle l'avait obligée à passer son bac, encouragée à entrer aux Beaux-Arts et aidée à préparer les épreuves d'admission, qu'elle avait réussies brillamment. Durant les cinq années d'études qui avaient suivi, elle l'avait soutenue, consolée et poussée à donner le meilleur d'elle-même. Elle avait même trouvé des clients pour des portraits, ce qui lui avait permis de gagner sa vie. Raphaëlle ne posait pas de questions, mais avait fini par comprendre ce que faisait Fanny en la voyant s'habiller et se maquiller avant de disparaître, parfois pendant deux ou trois jours. Il y avait aussi tous ces appels d'hommes qui demandaient à lui parler. Raphaëlle percevait de temps à autre chez son amie une solitude profonde, abyssale, plus grande encore que la sienne. Le voile s'était levé quand, un soir de pleine lune, Fanny lui avait parlé de son enfance déstructurée et des hommes trop « aimants » qu'elle avait croisés. Raphaëlle était la seule à tout savoir de sa vie, et elle lui avait juré de ne jamais rien en dire à personne. L'amour et l'admiration qu'elle lui portait s'étaient encore renforcés après ses confidences. Qui aurait pu imaginer ce que Fanny avait vécu en la voyant rire, plaisanter et tout mener de front ?

Raphaëlle soupira. Que serait-elle devenue sans son amie ? Elle en avait froid dans le cœur.

Aujourd'hui encore, elle sentait qu'une partie d'elle ne tenait qu'à un fil. Le reste fonctionnait à peu près, mais cette partie-là, celle qui venait de faire cet horrible cauchemar, n'était pas d'aplomb. Elle coupa court à tous les « et si… » qui se bousculaient à nouveau dans sa tête, éteignit la lumière et tenta de se rendormir, sans succès.

Le lendemain matin, lorsqu'elle pénétra dans le salon, le soleil illuminait la fresque des anges, au-dessus de la cheminée. Jacob, plongé dans sa lecture, était assis dans un fauteuil en velours vert émeraude. Elle hésita, fit demi-tour, mais se ravisa et s'approcha de lui. Il l'impressionnait, pas seulement à cause de son physique imposant. C'était plutôt ce qu'il dégageait. Fanny disait qu'il avait l'énergie particulière de ceux qui ont combattu le dragon.

– Est-ce que je peux vous parler quelques minutes ? lui demanda-t-elle d'une voix mal assurée.

– Bien sûr, répondit-il en refermant son livre.

Raphaëlle se sentit soudain embarrassée. Elle jeta un coup d'œil en direction de Claire et de Grégoire, qui discutaient à l'autre bout du salon.

– Allons dans la véranda, nous y serons plus tranquilles, proposa-t-il.

Ils sortirent de la maison, prirent à gauche et entrèrent dans la véranda baignée de lumière. Une partie du jardin s'étendait devant eux. Raphaëlle s'assit dans la méridienne et s'enroula dans un plaid. Jacob prit place dans l'un des fauteuils et posa sur elle son regard pénétrant, que Fanny qualifiait de surnaturel. Raphaëlle songea qu'elle avait bien raison.

– Qu'est-ce que vous voyez ? lui demanda-t-elle.

– Vous voulez savoir ce que je vois quand je vous regarde ?

– Oui…

Il resta silencieux quelques instants.

– Je vois une femme qui cherche, je crois.

– Qui cherche quoi ?

– Peut-être le gisement qui est en elle.

– C'est du pétrole ?

– Plutôt de la lumière, répondit-il en souriant.

– Où est ce gisement, Jacob ?

Il perçut une grande lassitude dans sa voix. De la douleur, aussi. Des larmes, qu'elle ne chercha pas à dissimuler, coulèrent le long de ses joues.

– Cette nuit, j'ai fait un cauchemar que je n'avais pas fait depuis des années, murmura-t-elle.

– Racontez-moi.

– Je cours à perdre haleine dans une forêt, je ne sais pas où je suis. Ma mère, au loin, me tourne le dos. Je sais que je dois la rattraper, que c'est très important, mais plus j'avance vers elle et plus elle s'éloigne. Il pleut, il y a de l'eau partout, j'ai du mal à avancer. Quand je parviens enfin à la rejoindre, elle se retourne, mais son visage est plein de sang et je me réveille en hurlant.

– Vous semblez terrifiée rien qu'en le racontant.

Elle enfouit son visage dans ses mains.

– Je ne veux plus faire ce cauchemar, Jacob. Je veux en finir avec tout ça. Je veux que ça s'en aille.

Il la regarda avec compassion. « Je veux en finir avec tout ça, je veux que ça s'en aille. » Combien de fois avait-il entendu ses patients prononcer ces mots ?

– J'entends votre besoin de vous sentir libérée de ce poids si lourd.

– Oui… je n'en peux plus, ajouta-t-elle, secouée par les pleurs.

Jacob prit sa main et la serra dans la sienne. Elle tourna la tête vers la fenêtre, le regard perdu au loin. Jacob n'intervint pas. Il avait appris à aimer les silences. Peu de gens les aiment, il y a du bruit partout dans ce monde. Lui les considérait comme des instants privilégiés de ressourcement.

– Je ne voyais plus mon père depuis plus de quinze ans. J'ai été obligée de couper les ponts avec lui. J'ai essayé, Jacob. Je vous assure que j'ai essayé.

– Essayé quoi ? lui demanda-t-il.

– De l'aimer, et qu'il m'aime, et qu'on soit une famille. Mais c'était impossible. Il ne voulait pas. Il ne m'aimait pas. Il n'aimait pas ma mère non plus, et elle ne le supportait pas. Elle voulait désespérément qu'il l'aime.

– Désespérément ? répéta Jacob.

– Elle s'est suicidée quand j'avais dix ans. Je l'ai trouvée en rentrant de l'école.

Raphaëlle sanglotait. La souffrance accumulée en elle durant toutes ces années s'exprimait enfin. Jacob lui tenait toujours la main. Il savait mieux que quiconque les ravages qu'un chagrin peut provoquer lorsqu'il ne trouve pas d'espace pour pleurer. Le cœur souffre parfois d'abcès, et le pus doit s'écouler pour qu'il ne s'infecte pas. Au-dehors, le ciel, moucheté de nuages gris, s'assombrissait.

– J'ai peur, poursuivit Raphaëlle. Tant de choses remontent à la surface depuis la mort de Joseph...

Elle se redressa et appuya sa tête sur ses genoux. Les traces de son mascara maculaient son visage, ses yeux étaient gonflés.

– Fanny dit que je dois renoncer à avoir un passé meilleur. Elle a raison, je veux passer à autre chose.

– Passer à autre chose, est-ce que ce serait vivre enfin votre propre vie ? lui demanda Jacob d'une voix douce.

– Oui ! J'aimerais tellement pouvoir... mais... j'ai trouvé des lettres de ma mère dans le grenier. Elle demande pardon à mon père de m'avoir mise au monde et lui propose de m'abandonner pour que tout redevienne comme avant ma naissance...

Elle éclata à nouveau en sanglots. Ses cris de douleur résonnaient dans la véranda. Jacob était comme un rempart, balayé par les vagues de son chagrin. Il ne bougeait pas, accueillant ces particules de souffrance qui avaient tant besoin d'être entendues. Elle releva la tête et essuya ses larmes.

– Je ne les ai pas toutes lues, murmura-t-elle. Je ne peux pas. Je ne peux plus.

Elle tendit le paquet de lettres à Jacob.

– Je ne sais pas pourquoi, mais je voudrais vous les donner.

Jacob prit les lettres.

– Peut-être qu'en me remettant cette partie de votre passé vous cherchez un témoin extérieur, quelqu'un de neutre qui en soit le dépositaire, pour que vous ne restiez pas seule avec tout cela. Je vous remercie de la confiance que vous m'accordez, lui dit-il.

Raphaëlle fut touchée par sa sollicitude. Combien de personnes dans ce monde vous remercient pour l'aide qu'elles vous apportent ?

– La dernière fois que j'ai vu Joseph, je l'avais invité à dîner avec Fanny et quelques amis. J'étais heureuse de lui montrer mes peintures. Je lui avais demandé d'être à l'heure. Il avait promis. Il est arrivé au moment du dessert et a à peine regardé mes toiles. Il a juste dit : « Je ne sais pas ce que les gens te trouvent. J'ai toujours pensé que tu n'avais aucun talent. »

– Qu'avez-vous ressenti à ce moment-là ?

– C'était comme un effondrement, répondit Raphaëlle d'une voix tremblante. Fanny est devenue blême, elle lui a dit qu'il devrait avoir honte, qu'il fallait vraiment qu'il soit aveugle et con pour ne pas réaliser qu'il avait une fille merveilleuse et talentueuse, qu'elle avait honte pour lui, et elle a ajouté qu'il aille au diable.

Jacob sourit intérieurement en entendant Raphaëlle lui restituer les propos de Fanny. Il reconnaissait bien là sa fougue.

– Comment a-t-il réagi ? demanda-t-il.

– Il a ouvert la bouche pour répondre, mais Fanny lui a hurlé de dégager et il est parti. C'est la dernière fois que je l'ai vu vivant. Je n'ai plus jamais essayé de le contacter, et lui non plus. Puis j'ai reçu cet appel pour m'annoncer sa mort et on m'a donné cette lettre, qu'il m'a écrite avant de mourir.

Elle la tendit à Jacob.

– Lisez-la, s'il vous plaît.

Il chaussa ses lunettes.

> « Raphaëlle, ma fille,
> Je suis un homme étrange, pardon. Un homme qui s'apprête à mourir et qui n'a désormais plus de temps que pour les regrets. Je n'étais pas fait pour être père, mais ça, tu l'as su bien avant moi… »

Lorsqu'il acheva sa lecture, il replia la lettre et la rendit à Raphaëlle.

– Pourquoi, Jacob ? lui demanda-t-elle.

– Pourquoi ne vous a-t-il pas dit tout cela de son vivant ?

– Oui. Pourquoi faut-il que les choses soient toujours aussi tristes ?

Jacob resta silencieux quelques instants avant de répondre.

– Peut-être parce que nous portons le fardeau des générations qui nous ont précédées et que ce fardeau, s'il n'est pas rendu conscient par chaque membre de la lignée, s'alourdit encore et encore, jusqu'à devenir beaucoup trop lourd pour être porté et supporté.

– Mais j'ai trente-neuf ans, Jacob ! Et c'est seulement maintenant que je réalise à quel point la vie que j'ai menée jusqu'ici est le produit de tout ça. De ma relation avec mon père, du suicide de ma mère, du fait qu'ils ne m'ont jamais désirée. Et ça me...

Elle éclata à nouveau en sanglots.

– Et ça vous fait une peine immense ? murmura Jacob.

Elle acquiesça de la tête.

– Comment fait-on pour guérir de ses blessures d'enfance ? lui demanda Raphaëlle d'une toute petite voix.

Cette question, Jacob l'avait entendue des centaines de fois. Et se l'était lui-même posée.

– Pour guérir de son enfance, il faut à la fois penser et panser ses plaies. Pour y parvenir, il faut les identifier, les reconnaître, leur donner une place. Trouver l'endroit où ça fait mal, accepter de s'en approcher, le nettoyer, le désinfecter, recoudre si nécessaire, appliquer de la pommade, mettre des pansements. Et laisser le temps qui convient à la cicatrisation. C'est un processus douloureux et apaisant à la fois.

– Mais pourquoi revit-on toujours les mêmes situations ? C'est comme une malédiction. Joseph ne m'aimait pas, j'aurais dû épouser un homme qui m'aime, mais j'ai choisi de vivre sept ans avec quelqu'un de froid qui me faisait éprouver la même sensation de vide, sans que je puisse m'en détacher.

– Vous vous en êtes détachée, pourtant.

Elle eut un sourire las.

– À trente-six ans… J'ai l'impression d'avoir gâché ma vie.

– Comment auriez-vous pu prendre soin d'une blessure que vous n'aviez pas identifiée et que vous ne saviez pas comment soigner ? Quand on n'a pas été aimé, on a tendance à considérer qu'on n'est pas « aimable » et à rechercher inconsciemment des situations qui vont le confirmer. De surcroît, les blessures mal soignées suintent et attirent les prédateurs. C'est le principe du sang qui provoque l'attaque des requins.

– Pourtant, il ne s'agit pas forcément de blessures qui se voient…

– Il y a comme une loi d'attraction entre la proie et le prédateur.

– Mais comment échapper à ça ?

Un sourire se dessina sur le visage de Jacob.

– Le médecin peut vous prescrire une prise de sang, mais pas une prise de conscience, malheureusement. Pourtant, c'est le médicament le plus efficace que je connaisse. À quoi sert la conscience ? Peut-être à éprouver son âme, car celui qui peut supporter l'absurdité de la vie et traverser les jours de grand vent avec constance, sans en nier la difficulté, sans rien faire d'autre qu'accueillir ce qui se présente, est un véritable alchimiste et mérite d'être salué.

Il regarda Raphaëlle avec chaleur.

– Votre père vient de mourir, vous vous êtes installée dans la maison qu'il vous a léguée et vous êtes en train de vous réapproprier ce lieu de votre enfance, dans lequel vous avez été confrontée à une immense solitude. En nous y accueillant, vous en faites un lieu de vie et de partage. C'est un merveilleux processus de transformation.

Les paroles de Jacob l'apaisèrent. Il avait raison. En créant cette colocation dans la maison de Joseph, Raphaëlle ne s'était pas rendu compte qu'elle était en train de conjurer la solitude et la tristesse de son enfance, de mettre de la vie dans un lieu qui avait été pour elle un tombeau. Elle se sentit soudain plus légère. Jacob l'aidait à mettre des mots sur sa douleur et à différencier les temps. Il y avait son passé, douloureux, et ce qu'elle était en train de mettre en place aujourd'hui, dans le présent. La confusion qu'elle faisait toujours entre passé et présent se dissipait peu à peu. Pour la première fois depuis le décès de son père, elle commençait à y voir plus clair.

– Merci, Jacob, murmura-t-elle. Heureusement que vous êtes là.

23

Le premier réflexe de Raphaëlle ce matin-là, quand Héléna pénétra dans la cuisine pour préparer son thé, fut de se replier dans sa chambre. Depuis leur installation à Giverny, les deux femmes cohabitaient, mais ne se parlaient quasiment pas. Elles faisaient en sorte de s'éviter quand il n'y avait personne pour faire écran entre elles. La seule chose qu'elles avaient en commun, c'était l'amour qu'elles portaient à Fanny. Mais, loin de les rapprocher, cela contribuait au contraire à entretenir entre elles une grande animosité. La danseuse étoile faillit elle aussi faire demi-tour. Que se passa-t-il pour qu'aucune d'elles ne s'en aille ? Peut-être que la présence de Jacob leur avait permis d'évoluer sans même qu'elles s'en rendent compte… Vivre aux côtés de cet homme sage, rempli de bonté, ne pouvait laisser personne indifférent. Sa bienveillance était vite devenue essentielle pour le groupe. Raphaëlle décocha un sourire crispé à Héléna, ce qui était déjà bien plus qu'elle ne faisait d'ordinaire.

– Tu as bien dormi ? demanda-t-elle à la danseuse étoile.

– Non, répondit Héléna. Je suis insomniaque. Et toi ?

– J'ai fait des cauchemars, répondit Raphaëlle.

Il y eut un silence.

– Quel genre de cauchemars ? demanda Héléna.

Surprise qu'elle lui pose cette question, Raphaëlle l'observa avant de répondre. C'était l'une des toutes premières fois qu'elle la voyait sans maquillage. Sa peau fine était presque translucide, et, le visage nu, elle avait quelque chose d'enfantin. Ses cheveux teints en noir lui donnaient un air dur. D'ordinaire attachés en un chignon strict, ils étaient lâchés et lui arrivaient en bas du dos, ce qui étonna Raphaëlle. Elle portait une robe de chambre rose, couleur qu'elle adorait, et des chaussons de danse assortis. Elle ne ressemblait à personne. Raphaëlle prit conscience qu'elle ignorait tout de cette femme, à laquelle elle ne s'était jamais intéressée. Elle se sentit égoïste de ne pas avoir tenté de mieux la connaître, ne serait-ce que pour faire plaisir à Fanny. Elle savait que son amie, elle, aurait tout fait pour arrondir les angles si les rôles avaient été inversés, et eut soudain honte. Décidant de faire un effort, elle poursuivit la conversation.

– Ça fait longtemps que tu es insomniaque ? demanda-t-elle à Héléna.

– Depuis toute petite. Ma mère n'arrivait jamais à dormir et me réveillait pour que je lui tienne compagnie. C'est comme ça que j'ai perdu le sommeil.

Raphaëlle la considéra d'un œil nouveau. Elle l'imagina, enfant, réveillée en pleine nuit par sa mère et eut soudain de la peine pour elle. Héléna surprit son regard triste et chaleureux, et s'en étonna. Elle n'avait pas l'habitude de susciter de la compassion.

– Et toi, ça fait longtemps que tu fais des cauchemars ?

Raphaëlle hésita quelques secondes.

– Depuis… le suicide de ma mère…

– Ta mère s'est suicidée ? lui demanda Héléna, abasourdie.

– Oui… je l'ai trouvée en rentrant de l'école.

Héléna ignorait tout de ce drame, Fanny ne lui en ayant jamais parlé. Elle regarda Raphaëlle d'un œil nouveau. Elle l'avait toujours prise pour une idiote superficielle, et n'avait donc jamais cherché à la connaître. Elle venait pourtant de lui faire un aveu bouleversant.

– Et toi… ta mère ? demanda Raphaëlle d'une petite voix.

– C'était une danseuse ratée. C'est pour ça qu'elle voulait absolument que je sois danseuse étoile, même si je devais en crever. Tout ce qui comptait pour elle, c'était que je réussisse là où elle avait échoué.

Elles se regardèrent droit dans les yeux. Dans le sourire timide qu'elles échangèrent, il y avait quelque chose qui ressemblait à de la solidarité féminine, une compréhension mutuelle entre deux rescapées d'une enfance fracturée. C'était la première fois qu'un début de lien se tissait entre elles. Fanny eut un mouvement de surprise en les découvrant assises l'une en face de l'autre devant une tasse de thé.

– Tu viens t'asseoir avec nous ? lui proposa Raphaëlle.

– Oui... répondit-elle prudemment.

Elle les rejoignit et posa son bol de thé fumant sur la table. La journée s'annonçait radieuse. Claire fit son entrée quelques minutes plus tard, étonnée elle aussi de trouver Raphaëlle et Héléna attablées ensemble. Zorro avait mangé et était étendu de tout son long sur le carrelage.

– Alors, mesdames. La vie vous plaît, ici ? leur demanda Fanny.

– Je ne regrette pas une seconde de m'être lancée dans cette aventure, répondit Claire. Pourtant, ça ne me ressemble pas !

– Pourquoi dites-vous ça ? lui demanda Héléna.

– Ma chère, je n'ai rien d'une baroudeuse, et j'imagine que vous l'aviez remarqué. Quitter mon appartement de Courbevoie pour m'installer ici avec vous est la chose la plus folle que j'aie faite dans ma vie. Vous, en revanche, vous avez vu du pays ! J'ai beau être la plus âgée de nous quatre, je suis la plus inexpérimentée.

– Moi aussi, je suis inexpérimentée, répondit Raphaëlle.

– Vous, mon petit ? demanda Claire, surprise.

– Oui… Vous allez me trouver ridicule, mais… je crois que j'ai la trouille.

– La trouille de quoi ? lui demanda Claire.

– De vivre… Je me sens toujours en décalage.

– C'est normal, tu es une artiste, lui dit Fanny.

– Je vous comprends, Raphaëlle, poursuivit Claire. C'est difficile pour les gens sensibles, aujourd'hui. Ils finissent même par croire que leur sensibilité est une maladie. Mais la maladie, c'est bien autre chose, croyez-moi…

Elle se tut quelques instants.

– J'ai eu un cancer du sein l'année dernière, ajouta-t-elle pudiquement. On m'a fait une reconstruction mammaire.

Raphaëlle, Fanny et Héléna la regardaient avec chaleur et attention. Elle en fut remuée. C'était l'une des toutes premières fois qu'elle parlait de sa maladie. Elle avait appris à se taire, gardant ce poids pour elle. Elle n'avait pas besoin que les regards des autres l'enterrent. Raphaëlle lui prit la main et la serra dans la sienne. Quelque chose circulait entre elles, qui n'avait pas besoin de mots. Claire brisa le silence :

– Pendant des années, me prendre en compte ne m'a jamais effleuré l'esprit. Mon cancer a changé ça. Je sais que, maintenant, je dois faire attention à moi. C'est pour ça que j'ai changé de vie. Je ne pouvais plus continuer à enseigner comme avant.

Raphaëlle la comprenait. Depuis la mort de Joseph, elle aussi sentait que plus rien ne serait jamais comme avant. Héléna se tourna vers Claire.

– Je vais vous donner un pendentif en aigue-marine. C'est une pierre que j'adore, elle vous apaisera et drainera les toxines.

Elle sortit une pierre en forme de cœur de la poche de sa robe de chambre et la tendit à Raphaëlle.

– Tiens, c'est pour toi. Le quartz rose est la pierre de l'amour et de l'apaisement. Elle t'aidera à guérir de tes blessures.

Raphaëlle la remercia, surprise de la découvrir sous un jour qu'elle ne connaissait pas.

– Fanny se leva et alluma la radio. La voix des Weather Girls s'éleva dans la cuisine.

It's raining men, hallelujah, it's raining men, amen
I'm gonna go out to run and let myself get
Absolutely soaking wet…

Fanny se mit à danser au beau milieu de la cuisine.

– Allez, debout, les filles !

Héléna fut la première à la rejoindre. Son corps ondulait sur la musique avec grâce. Raphaëlle l'observait, captivée. Fanny prit Claire par le bras et lui montra comment suivre le rythme de la musique. Héléna attira Raphaëlle sur la piste, entre la table et l'évier. Cette dernière faillit tourner les talons et fuir, mais l'ambiance était telle qu'elle ne put résister bien longtemps avant de suivre le rythme de la danseuse. Les quatre femmes dansaient, riaient, chantaient à tue-tête, criaient, soudain libérées par la grâce de ce moment passé ensemble, au nez et à la barbe de leurs doutes et de leurs angoisses.

Lorsque Grégoire ouvrit la porte, il les considéra un instant, stupéfait, avant qu'un grand sourire illumine son visage. Il se joignit à elles et se mit à bouger son grand corps dans tous les sens.

– Quatre femmes autour de moi, voilà la définition du bonheur ! s'écria-t-il.

– Arrête de rêver ! lui cria Raphaëlle.

– Ce que tu peux être rabat-joie ! répondit-il.

Jacob et Paul, attirés par les éclats de voix et la musique, surgirent à leur tour dans la cuisine. Les femmes, hilares, les entraînèrent sur la piste, et la bande au grand complet se déhancha follement.

Ils décidèrent d'aller faire des courses en ville et plaisantèrent avec les commerçants de la rue Claude-Monet. La matinée se poursuivit, ponctuée d'éclats de rire, et donna à leur vie commune une merveilleuse saveur.

24

Assise près de la rivière, sur la pierre qui avait été le poste d'observation favori de son père, Raphaëlle se laissait bercer par le piaillement des oiseaux, le ruissellement du vent dans les arbres, l'eau qui se faufilait entre les pierres…

Elle ramasse des cailloux près de la rivière. Elle veut les mettre dans sa boîte à soleil. Elle l'a fabriquée pour les jours où il fait trop noir, pour qu'en l'ouvrant elle voie toutes les belles choses de la vie. Dedans, il y a des plumes d'ange, un petit éléphant en bois qu'elle a trouvé par terre, des gommettes et un dessin de fée. Mais, quand ses parents crient, elle a beau ouvrir sa boîte magique, elle a tellement froid que le soleil n'est pas assez chaud pour que son cœur cesse de grelotter. Est-ce que tous les enfants du monde ont une boîte à soleil ? Où s'en vont les secrets qu'on ne peut dire à personne ? Est-ce que quelqu'un, quelque part, en prend soin ?

Elle revint à elle. Sa vie d'avant lui sembla soudain lointaine, comme si tout ce qu'elle avait vécu jusqu'à présent n'était qu'un brouillon. La pensée de Joseph était moins douloureuse. Les jours qui se succédaient estompaient peu à peu son chagrin. Il était un peu plus de dix-neuf heures, et la chaleur était encore très dense. Elle se demanda si elle allait oser s'en tenir à ce qu'elle avait décidé. La brise de l'été faisait danser les feuilles des arbres, qui faisaient comme un bruit de grelots. Elle se leva et emprunta le sentier en sens inverse. Elle se dirigea vers le chalet. Lorsqu'il fut en vue, elle ralentit son pas. Elle prit son courage à deux mains, s'avança et frappa à la porte, qui s'ouvrit immédiatement. Paul affichait un grand sourire.

– Je t'ai vue arriver, dit-il. Entre.

Raphaëlle hésita.

– Je ne te dérange pas ?

– Tu plaisantes, j'espère !

Raphaëlle le suivit à l'intérieur. Elle aimait la grande pièce à vivre du chalet, avec ses boiseries aux couleurs chaudes. Paul ne lui demanda pas ce qu'elle souhaitait boire. Il apporta une bouteille de pouilly-fumé et posa deux verres sur la table basse. Ils trinquèrent.

– À nous, dit Paul.

Elle ne répondit rien, et trempa ses lèvres dans le breuvage pour masquer son émotion.

– J'ai quelque chose à te demander, fit-elle.

– Tout ce que tu veux, répondit-il en souriant.

Elle perdit ses moyens pendant quelques secondes, mais se reprit.

– Est-ce que tu accepterais de poser pour moi ? lui demanda-t-elle.

– De poser pour toi ? répéta Paul, surpris.

Il y eut un silence.

– Je ne suis pas sûr d'être un très bon modèle, ajouta-t-il pour masquer son trouble.

Elle se sentit soudain très gênée.

– Je n'aurais pas dû te demander ça, je suis désolée… C'est juste que… depuis la mort de Joseph, je n'arrive plus à travailler sur ma toile et… je me disais que l'inspiration reviendrait peut-être avec toi… C'est idiot…

Elle reposa son verre sur la table, prit son carton à dessins et se dirigea vers la porte. Paul la rattrapa.

– Attends ! lui dit-il. Je serais très heureux de poser pour toi…

Elle l'observait, immobile. Avait-elle bien entendu ?

– Viens avec moi, lui dit-il.

Elle le suivit dans le couloir, et découvrit une partie du chalet qu'elle ne connaissait pas. Paul pénétra dans une pièce qui disposait d'une fenêtre en hauteur. Le soleil s'y faufilait, imprimant des taches de lumière sur le sol en bois clair. Une méridienne beige était posée contre le mur du fond. Deux ou trois coussins de méditation l'entouraient. Raphaëlle aima tout de suite cet endroit. Paul disposa une petite table en bois et un siège assorti devant la jeune femme, puis il alla s'asseoir sur la méridienne. La lumière chaude diffusait son éclat juste derrière ses cheveux, formant comme un halo autour de sa tête. Raphaëlle prit son crayon et sentit soudain une peur rampante, la même que lorsqu'elle se trouvait face à sa toile inachevée. Le regard chaleureux de Paul l'encourageait. Elle prit appui sur lui pour chasser ses craintes. Il fallait qu'elle se concentre. Elle prit une grande inspiration et commença à le croquer. Ses gestes, hésitants, se firent peu à peu plus précis. Elle était absorbée par le dessin. L'énergie si particulière de la création revenait doucement.

– Est-ce que tu pourrais… remonter un peu ton tee-shirt… pour que je voie ton épaule ? lui demanda-t-elle.

Paul remonta la manche de son vêtement pour dévoiler son épaule, mais elle retomba. Il enleva son tee-shirt et se retrouva torse nu devant elle sans ressentir la moindre gêne, comme si c'était la chose la plus naturelle au monde. Raphaëlle prit conscience de l'érotisme de ce moment. Elle avait du mal à déglutir, ses yeux étaient écarquillés. Elle continua à le dessiner. Elle allait trop vite, se sentait fiévreuse, et dut s'y reprendre à deux fois pour capter son regard. Elle estompa son tracé, effleurant, caressant le visage de Paul, qui apparaissait peu à peu sur le papier. Assis face à elle, immobile, il ne la quittait pas des yeux. C'était la première fois qu'il la voyait créer. Il ne l'avait jamais vue à ce point absorbée, concentrée. Il découvrait une partie d'elle qu'il ne connaissait pas. Sa beauté et sa passion le troublaient.

– J'ai presque terminé, chuchota-t-elle.

Elle savait qu'elle était en train de le saisir et perdit la notion du temps. C'était si bon, après tous ces mois sans pouvoir créer, de sentir refleurir en elle quelques-unes de ces sensations oubliées. Lorsqu'elle revint à elle, la lumière déclinait. Elle posa son crayon sur la table. Paul se leva, et regarda le croquis. C'était bien lui, sur le dessin. Physiquement, bien sûr, mais surtout il reconnaissait son âme, quelque chose de très intime que Raphaëlle avait capté. Il la serra contre lui, bouleversé.

– Merci, lui chuchota-t-il à l'oreille.

Soudain, il la souleva de terre. Elle regarda autour d'elle, surprise, ne sachant pas très bien ce qu'elle voulait qu'il se passe. Il franchit la porte du chalet et la déposa doucement sur la terrasse.

– Regarde, murmura-t-il.

Raphaëlle fixait le ciel rouge sang, parsemé d'éclats orangés. Les arbres étaient en feu, et la lune, déjà visible, semblait pressée de prendre son tour de garde. Les fleurs, la clairière, l'herbe grasse, tout était nimbé d'éclats rougeoyants. Une infinie quiétude montait de la terre. Raphaëlle frissonna. Sa vie avait pris un drôle de tournant depuis la mort de Joseph. Beaucoup de choses étaient en mouvement. Il y avait bien sûr le changement le plus flagrant, son installation au Clos des Anges, mais il y avait aussi des modifications plus profondes, presque imperceptibles, dans son estime d'elle-même, dans sa façon de ressentir et d'affronter ce qui lui arrivait désormais. Elle se rapprocha de Paul. Le frôlement de leurs peaux avait un goût d'éternité. Ils s'embrassèrent longuement et restèrent immobiles, bouleversés par cette incomparable beauté, jusqu'à ce que le soleil inonde dans un dernier éclat le jardin de ses flammes ardentes.

25

Lorsque Claire pénétra dans la véranda, Raphaëlle et Fanny comprirent tout de suite que quelque chose n'allait pas. Elle avait les yeux brillants, les joues rouges, les cheveux en désordre.

– Asseyez-vous, lui dit Raphaëlle.

Claire accepta, mais se releva quelques secondes plus tard. Elle fit quelques pas, regarda par la baie vitrée et vint se rasseoir. Elle se tordait les mains nerveusement, croisait et décroisait ses jambes sans relâche, trahissant par ces mouvements involontaires son extrême préoccupation.

– Que se passe-t-il ? lui demanda Raphaëlle d'une voix douce.

Claire cherchait ses mots, elle qui les trouvait toujours avec aisance. Après plusieurs tentatives infructueuses pour s'expliquer, elle se tut. Elle ignorait par quoi commencer.

– Nous avons tout notre temps, la tranquillisa Raphaëlle.

Claire lui fut reconnaissante de ne pas la pousser dans ses retranchements. Plusieurs minutes s'écoulèrent. Les trois femmes étaient perdues dans la contemplation du jardin qui déployait ses plus belles couleurs, comme un paon ferait la roue pour impressionner sa belle. Claire tentait de rassembler ses esprits. Elle était remuée, heureuse et malheureuse à la fois, effrayée. Tout, dans son esprit saturé d'images, d'émotions et de sensations éparses, se mêlait de manière aléatoire. Elle n'était plus maîtresse d'elle-même. Raphaëlle tendit la main vers elle. Claire la saisit et ferma les yeux, rassurée par ce contact chaleureux.

– C'est Grégoire… murmura-t-elle.

Fanny et Raphaëlle échangèrent un bref regard.

– Grégoire et moi, nous… nous avons… nous venons de… j'ai…

Elle s'interrompit.

– Oh, mon Dieu ! s'écria-t-elle en fondant en larmes.

Claire prit son visage dans ses mains. Elle était bouleversée.

– Grégoire et moi, nous… nous avons fait l'amour, dit-elle dans un souffle.

Les deux amies ne disaient rien. Claire se méprit sur leur silence.

– C'est arrivé comme ça, je n'aurais jamais imaginé que…

Claire rougit à nouveau. Elle ne pouvait s'empêcher de se remémorer les instants qu'elle venait de passer avec Grégoire.

– Est-ce que ça vous a plu ? lui demanda Raphaëlle.

– Oui… enfin, je crois… je n'ai pas beaucoup d'expérience dans ce domaine, vous savez. Pour être tout à fait franche, je n'ai connu que mon mari. Je ne sais pas quoi penser… C'est tellement inattendu… J'ai toujours répugné à me montrer nue, d'autant plus maintenant, avec ce sein qu'on a reconstruit… Je croyais toutes ces histoires définitivement enterrées après ma maladie. J'ai une cicatrice, vous comprenez ? Mais ça n'a pas gêné Grégoire, au contraire.

Elle s'interrompit, honteuse d'évoquer ces choses-là. Raphaëlle et Fanny souriaient. Claire les connaissait depuis peu, mais elles lui avaient tout de suite inspiré confiance. Elle avait perçu chez Fanny bien autre chose que de la légèreté. Une dignité, une pudeur et une chaleur humaine hors du commun. Quant à Raphaëlle, elle était bouleversante avec sa sensibilité à fleur de peau, sa sincérité et son empathie. Claire savait qu'elle pouvait leur ouvrir son cœur.

– J'ai ressenti quelque chose de particulier…

Claire se mordait les lèvres. Les mots restaient coincés dans sa gorge. Elle n'avait jamais abordé ces sujets avec qui que ce soit. Fanny décida de prendre les devants.

– Est-ce que vous avez ressenti un plaisir intense, qui montait de plus en plus jusqu'à atteindre un point culminant qui s'est transformé en une explosion de plaisir qui vous a fait perdre le contrôle ? lui demanda-t-elle.

Claire acquiesça de la tête, incapable de proférer le moindre son.

– Vous avez eu un orgasme ! s'écrièrent de concert Fanny et Raphaëlle.

– Mais pourquoi ça ne m'était jamais arrivé avant ? demanda Claire.

C'était un cri du cœur. Raphaëlle la regarda avec tendresse. Cette femme de cinquante ans, pétrie de bonne éducation, avait été mariée pendant près de trente ans avec un homme, décédé dix ans auparavant, avec lequel elle n'avait jamais eu le moindre plaisir. Aujourd'hui, elle venait de le découvrir enfin.

– J'ai vécu tout ce temps et je n'ai jamais…

Claire laissa sa phrase en suspens. Perdue dans ses pensées, elle voyait sa vie sous un angle nouveau. Elle ne put s'empêcher de ressentir une certaine amertume pour ces années qui s'étaient succédé sans plaisir, pour l'épouse et la mère qu'elle avait été sans jamais se découvrir femme, pour le carcan dans lequel elle s'était laissé enfermer.

– Je comprends ce que vous ressentez, lui dit Raphaëlle, mais comme le dit Fanny, on doit tous renoncer à avoir un passé meilleur, et aller de l'avant.

Claire lui sourit. Raphaëlle avait raison, tout était dans le point de vue qu'elle choisirait d'adopter. D'un côté, les regrets et l'amertume, et de l'autre, la joie de la découverte du plaisir. Ce n'était pas par bravoure qu'elle décida de voir le positif, c'était pour la salubrité de son âme.

26

Paul et Raphaëlle traversèrent le jardin et s'engagèrent sur un sentier bordé de rhododendrons roses et blancs, qui emplissaient l'air de leur parfum entêtant. La pluie chaude de l'été continuait à tomber. Le murmure du cours d'eau et le chuchotement de la pluie se mêlaient au bruit de leurs pas sur le sol mouillé. Ils s'engagèrent dans un sous-bois. Le parfum des fleurs s'unissait aux senteurs âcres et boisées de la terre, de la mousse et des fougères. Raphaëlle ferma les yeux. C'était l'odeur de son enfance. L'odeur maudite et chérie, impossible à oublier. Soudain, elle fut triste, et toute sa vie lui apparut comme un abominable gâchis.

– Tiens, frotte-les dans tes mains.

La voix de Paul la fit sursauter. Il lui tendait quelques pétales. Elle fit ce qu'il disait. Les paumes de ses mains exhalèrent un parfum exquis et capiteux dont elle s'emplit les poumons. Ils se remirent en route et arrivèrent jusqu'à une petite clairière qui se divisait en deux sentiers. Le rythme cardiaque de Raphaëlle s'accéléra.

– C'est par ici, fit-elle.

Elle emprunta le sentier de gauche. Elle courait presque. À son grand soulagement, les deux arbres étaient toujours là. Ils formaient une arche.

Voici l'Arche du Deuxième Monde, où rien de mal ne peut arriver.

Elle passa sous l'arche. Le deuxième monde n'était plus qu'un amas de fougères anarchiques, d'orties et de mousse. Où était-il ? Comment avait-elle pu l'oublier ?

Paul la rejoignit. Elle avançait toujours, au milieu des ronces. Elle jeta un coup d'œil sur la gauche. La pluie avait cessé. Son attention fut attirée par un éclat blanc qui luisait au milieu des fougères. Elle s'avança. Il était en partie recouvert par la mousse. Elle l'arracha, la gratta, aidée de Paul. Ensemble, ils mirent à nu le marbre laiteux. Le soleil parvint à se faufiler entre les arbres et déposa l'un de ses rayons sur la statue immaculée de l'ange. Raphaëlle souriait. Comment avait-elle pu l'oublier ?

Tu es mon meilleur ami ! Je t'aimerai toute la vie !

Elle se baissa. Où était-ce, déjà ? Sa main se faufilait aux pieds de l'ange. Elle chercha sur la droite, sans succès. Sur la gauche, la pierre bougea.

Elle parvint à la retirer et glissa sa main dans l'espace libéré. La petite boîte était toujours là. Elle la prit et l'ouvrit. À l'intérieur, un papier qu'elle déplia. Elle reconnut l'écriture appliquée de son enfance.

« J'élèverai toute ma vie des papillons dans mon cœur. »

Quelques gouttes d'encre confiées à un ange comme une bouteille à la mer, promesse d'enfant qu'elle n'avait pu tenir. Paul lut le mot. Il la regarda avec une curieuse intensité.

– Comment vont les papillons ?

– Pas très bien, je crois.

Elle n'avait pas su respecter sa parole et en conçut tout à coup un insupportable chagrin.

– Il faut les aider, alors, fit Paul.

Il regarda autour de lui.

– Je vais dégager cet endroit et y construire une cabane. Tu pourras venir parler aux papillons.

Raphaëlle serra le papier dans sa main. La petite fille qu'elle avait été se tenait là, tout près. Elle sentait sa présence. Paul l'observait.

– Tu es tellement émouvante, murmura-t-il.

Elle aurait voulu lui demander pourquoi, mais aucun son ne sortit de sa bouche. Elle songea qu'il allait penser qu'elle était sotte ou indifférente, mais ne put rien ajouter. Les yeux tendres et amusés de

Paul ne lâchaient pas les siens. Elle aurait juré qu'il pouvait lire la tempête qui se déchaînait en elle.

– Par moments, on dirait que tu me vois vraiment, murmura-t-elle.

– Tu en doutes encore, pas vrai ?

Il l'attira à lui. Elle vint se nicher au creux de son cou et respira l'odeur de sa peau. Elle se colla plus encore contre lui. Leurs lèvres se trouvèrent et ils s'embrassèrent sous le regard bienveillant de l'ange.

27

Au Clos des Anges, Raphaëlle et ses amis avaient pris leurs marques. Ils étaient de plus en plus liés les uns aux autres. Lorsqu'un problème se posait, ils se réunissaient dans le salon et Jacob faisait office de médiateur. Il écoutait chacun comme il savait si bien le faire, apaisant les tensions, éclairant les situations délicates avec sagacité et bienveillance. Il avait présenté par Skype ses nouveaux amis à son fils, à sa belle-fille et à ses petits-enfants, qui vivaient à New York. Il était prévu qu'ils viennent passer les vacances de Noël à Giverny, mais rien n'était sûr encore, car le travail d'avocat de son fils était très chronophage. Jacob avait confié à Raphaëlle qu'il avait tout fait pour que son fils soit indépendant et qu'il ait du succès dans son métier. Il l'avait encouragé à s'installer à New York et n'avait jamais voulu peser sur lui. Elle avait compris que, maintenant qu'il avait si bien réussi dans la vie, son fils ne l'appelait que rarement et ne se souciait plus beaucoup de lui. Raphaëlle savait que Jacob en souffrait, même s'il n'en laissait rien paraître. Elle s'était beaucoup attachée à lui. Il la comprenait, prenait toujours le temps de l'écouter. Le regard qu'il portait sur elle lui faisait du bien. Son chagrin trouvait en lui une limite, un point d'appui rassurant, au-delà duquel il ne pouvait plus pleurer. Jacob possédait un pouvoir, un savoir-être. Tout en lui respirait le calme et la bonté, comme si, malgré ses quatre-vingt-deux ans, la vie n'avait pas imprimé en lui cette amertume déçue qui contaminait tant de gens.

Ambre, la petite-fille de Claire, âgée de neuf ans, vint passer la dernière semaine du mois d'août au Clos des Anges. Avec sa délicatesse habituelle, Claire s'était assurée que cela ne gênait personne. Raphaëlle lui avait répété avec force qu'elle était chez elle et que recevoir ses proches figurait dans le contrat de leur colocation. La fillette arriva le 20 août. Elle portait un jean et un tee-shirt rose deux fois trop grand pour elle, sur lequel était écrit « Je prends le large ». Son visage était auréolé des mèches blondes qui s'échappaient de sa queue-de-cheval. Ses grands yeux bleus étaient étrangement tristes, comme s'ils recelaient déjà de lourds secrets. C'était une enfant douce et rêveuse, que le récent divorce de ses parents bouleversait. Raphaëlle s'attacha à elle au premier regard. Elle se revoyait au même âge, débordée par des émotions incontrôlables, cherchant désespérément à comprendre comment fonctionnait le monde. Dès son arrivée, elle fit faire le tour de la propriété à Ambre, qui aima tout particulièrement la mare magique. Raphaëlle lui montra comment faire un vœu.

– Prends un caillou, n'importe lequel.

La fillette voulut ramasser un caillou spécial, qui soit le meilleur messager possible pour son vœu. Elle finit par en trouver un, blanc et lisse, qui lui convenait. Elle le montra fièrement à Raphaëlle.

– Maintenant, pense très fort à ton vœu.

– Je n'ai le droit qu'à un seul vœu ? demanda Ambre.

– Un par caillou, oui.

La fillette se concentra en fronçant les sourcils. Quel vœu choisir ? Un pour sa mère, un pour son père ou un pour elle ? Elle décida de mélanger ses vœux et d'en formuler un qui rende tout le monde heureux.

– Une fois que tu es bien concentrée, tu imagines que ton vœu est à l'intérieur du caillou, poursuivit Raphaëlle.

Ambre obéit.

– Ça y est, fit-elle.

– Secoue ton caillou trois fois, embrasse-le et jette-le à l'eau en pensant très fort que ton vœu se réalise.

L'enfant suivit les consignes à la lettre. Elle prenait les choses très au sérieux. Lorsque son caillou tomba dans l'eau, elle s'approcha pour voir où il était allé, mais l'eau trouble ne révéla aucun de ses mystères.

– Et maintenant ? demanda la fillette en se tournant vers Raphaëlle.

– Maintenant, il faut laisser la mare magique faire son travail.

Ambre scruta l'étendue d'eau, recouverte par endroits de nénuphars, et fut parcourue de frissons.

La statue de l'ange remporta elle aussi un franc succès auprès de la fillette. Paul avait tenu parole. Il avait construit une cabane et l'avait meublée. Raphaëlle y passait beaucoup de temps. Elle emmenait Ambre avec elle chaque jour. Zorro avait pris l'habitude de les accompagner. Un matin, la fillette lui demanda de faire un portrait d'elle à côté de l'ange. Un dessin qu'elle pourrait garder toute sa vie et qui la protégerait de tout. Raphaëlle n'avait pas créé depuis la fois où elle avait dessiné Paul. Elle hésita, craignant d'en être incapable, mais décida d'essayer tout de même. Elle se concentra sur Ambre, ses cheveux blonds, son visage pur, ses yeux clairs… Zorro était couché à ses pieds. À sa grande surprise, ses mains ne tremblèrent pas. Le dessin coulait sur la feuille sans qu'elle ait besoin de se forcer. Raphaëlle sentit que quelque chose s'ouvrait en elle. C'était comme avant. Non… c'était mieux qu'avant ! Elle retrouvait le pouvoir de créer, l'inspiration qu'elle avait perdue. Pourtant, quelque chose avait changé. Elle entendait à nouveau cette petite musique intérieure, mais était dorénavant reliée à la réalité d'une manière nouvelle. Elle ne fuyait plus dans la création par incapacité à se confronter au réel. Elle repensa aux propos tenus par Fanny et par Paul. C'était cela qu'ils avaient tenté de lui dire ! Elle n'avait pas pu l'entendre, alors, mais maintenant elle le comprenait.

Lorsqu'elle offrit son dessin à Ambre, la fillette le serra contre elle avec émotion.

– Je le garderai toute ma vie ! s'écria-t-elle, les yeux brillants.

Elle montra le dessin à Zorro, qui se leva pour quémander une caresse. Raphaëlle observa la fillette et se demanda si elle souhaitait avoir un enfant. Elle ne s'était encore jamais vraiment posé la question. Elle ne savait pas quoi penser. Ce monde était-il un cadeau à offrir ? Comment protéger nos enfants du mal ? Était-elle suffisamment mûre pour ne pas reproduire ce qu'elle avait vécu ?

Zorro la fit revenir à elle. Ses oreilles étaient dressées et il lui donnait des petits coups de tête, comme s'il voulait attirer son attention. Soudain, il s'éloigna en courant. Raphaëlle et Ambre s'élancèrent derrière lui dans le sous-bois. La maison n'était plus en vue. Raphaëlle retrouvait l'excitation mêlée de crainte de son enfance. L'idée qu'elles pouvaient se perdre et que personne ne les retrouverait jamais lui traversa l'esprit. Zorro continuait à les guider. Elles firent un grand tour et arrivèrent près de la clairière située derrière la maison. Un bruit attira l'attention de Raphaëlle. Elle s'immobilisa. Le chat passa derrière un buisson. Elle le suivit, et vit Grégoire, en larmes, assis sur le banc en pierre de son enfance. Il semblait hébété. Elle s'élança vers lui. Il eut un mouvement de recul en la voyant et essuya en hâte son visage.

– Que se passe-t-il ? lui demanda-t-elle.

Il ne répondit pas. Ambre les observait, bouleversée. Raphaëlle prit la main de la fillette pour la rassurer et s'assit à côté de Grégoire.

– Qu'est-ce que tu as ? insista-t-elle.

– J'ai tout perdu, articula-t-il avec peine.

Sa voix partait en lambeaux, son corps s'affaissait. Il était blême et sans forces.

– De quoi parles-tu ?

– Mon manager… Je lui avais confié mon argent. Il l'a placé, et tout est parti en fumée. Je n'ai plus rien.

Ambre se serra contre Raphaëlle.

– Mais comment est-ce possible ? demanda Raphaëlle.

Grégoire se prit la tête entre les mains.

– C'est un escroc. L'argent sur lequel je vivais et que je croyais être le bénéfice de mes placements était en fait des sommes confiées par d'autres personnes voulant investir, comme moi.

– Tu dois porter plainte, lui dit Raphaëlle en posant la main sur son épaule.

– Mais comment ? Je te dis que je n'ai plus rien !

– Le fils de Jacob est avocat. Il t'aidera.

Grégoire était blême.

– Qu'est-ce que je vais dire aux autres ?

– La vérité, répondit Raphaëlle. Viens.

Elle l'obligea à se lever. Il marcha jusqu'à la maison, soutenu par Raphaëlle et escorté par Ambre et par Zorro.

Pendant qu'Ambre jouait avec le chat dans l'atelier, Raphaëlle réunit tout le monde dans le salon et leur exposa la situation. Tous prirent conscience à quel point ils s'étaient rapprochés les uns des autres pendant ces quatre mois. Ils formaient une drôle de famille, bancale et mal assortie sur bien des points, mais ça fonctionnait. Grégoire était sonné, anéanti par la perte de son argent.

– Je ne pourrai pas rester dans cette maison, dit-il d'une voix lugubre. C'est fini pour moi.

– Il est hors de question que tu partes, lui dit Raphaëlle. On est une famille, maintenant. On ne te laissera pas tomber.

Grégoire leva la tête et regarda ses amis, incrédule. Ces gens, qu'il ne connaissait pas quelques mois auparavant, faisaient bloc autour de lui au moment où il se retrouvait sans rien ? Comment était-ce possible ?

– Je ne veux pas de votre pitié, leur dit-il.

– Qui te parle de pitié ? rétorqua Raphaëlle.

– Il ne s'agit pas de pitié, mais d'amour, ajouta Claire, les yeux brillants.

– D'amour ? répéta Grégoire. Mais vous ne pouvez pas m'aimer maintenant que je n'ai plus rien !

– Et pourquoi donc ? lui demanda Claire avec la plus parfaite candeur.

– Mais parce que… parce que…

Il laissa sa phrase en suspens.

Héléna lui tendit une pierre ambrée striée de noir.

– C'est un oeil-de-tigre, il agira comme un bouclier protecteur. Son effet miroir renverra l'énergie négative vers ton manager.

Grégoire regarda l'œil-de-tigre sans bouger.

– Fais-moi confiance, ajouta Héléna.

Grégoire le mit dans sa poche en songeant qu'il touchait vraiment le fond.

Lorsque sa mère vint la chercher le surlendemain, Ambre éclata en sanglots. Elle ne voulait pas quitter ce Clos des Anges, qui lui avait révélé quelques-uns de ses mystères. Raphaëlle et Claire lui proposèrent de revenir les voir aux vacances prochaines, ce qui atténua un peu son chagrin. Avant qu'elle ne monte dans la voiture, Raphaëlle lui tendit un petit paquet. Ambre l'ouvrit et découvrit la boîte couleur miel sur laquelle était écrit *Angel to go*. La fillette l'ouvrit et vit l'ange aux ailes d'or. Un sourire émerveillé éclaira son visage.

– Prends-le, il est pour toi, lui chuchota Raphaëlle. Garde-le toujours, il t'aidera.

Les jours suivants, la maison sembla étrangement triste sans les cavalcades et les éclats de rire d'Ambre. Tout le groupe, mené par Raphaëlle, fit bloc autour de Grégoire. Jacob exposa la situation par Skype à son fils, qui conseilla Grégoire sur la marche à suivre. Il le mit en contact avec l'un de ses collègues, maître Jantieux, qui exerçait en France et accepta de se charger de l'affaire sans réclamer d'arrhes. Une plainte fut déposée contre le manager de Grégoire, et une longue procédure au résultat incertain commença. L'escroquerie dont le pianiste avait été victime se précisait chaque jour un peu plus. Il n'était pas le seul à avoir fait les frais des placements hasardeux de son manager. Maître Jantieux trouva d'autres victimes, également artistes, qui portèrent plainte à leur tour. Le fait de ne pas être la seule victime de cette escroquerie fit du bien à Grégoire. Certes, il se maudissait toujours, mais il se sentait un peu moins stupide. Le pouvoir de persuasion de son manager était immense, et à cela s'ajoutait le fait que les artistes ne voulaient pas, la plupart du temps, s'occuper des questions d'argent, préférant se concentrer exclusivement sur leur art. De ce fait, ils laissaient trop souvent le champ de la maîtrise matérielle à des tiers, et tombaient des nues lorsque ça tournait mal.

Claire était aux petits soins pour Grégoire, qui avait allumé en elle un feu ardent. Ces deux êtres, que Raphaëlle n'aurait jamais imaginé ensemble, faisaient l'expérience d'un lien nouveau. Claire découvrait l'intimité physique et la sensualité, et Grégoire, la proximité affective et la confiance. Il lui arrivait de ne pas pouvoir supporter tout cet amour. Il devenait alors froid et distant, et reprenait son masque caustique. Raphaëlle savait combien il était difficile de laisser quelqu'un voir ses blessures et ses failles. Claire trouvait auprès d'elle et de Fanny deux merveilleuses confidentes. Fanny, femme de trop d'expériences, qui avait autrefois fait commerce de son corps et avait brûlé la vie par les deux bouts, et Raphaëlle, blessée et à fleur de peau, la conseillaient finement. Fanny, qui avait tout vécu, Claire, qui n'avait rien vécu, et Raphaëlle, qui ne voulait plus rien vivre, étaient de plus en plus liées. Héléna, quant à elle, la soutenait en lui préparant des tisanes de plantes dont elle avait le secret. Les quatre femmes du Clos des Anges devinrent inséparables.

28

Le mois d'octobre arrivait à grands pas. L'été indien faisait du zèle, baignant Giverny d'une somptueuse lumière dorée. La colocation du Clos des Anges allait bientôt fêter ses six mois d'existence et était en passe de devenir un modèle du genre. Lydie, qui y avait contribué et ne manquait pas de venir régulièrement leur rendre visite, voyait avec plaisir la mayonnaise prendre. De la singularité de chacun naissait une harmonie particulière.

L'appartement de Raphaëlle venait de se vendre, ce qui lui avait permis de payer en temps et en heure les droits de succession de la maison. Elle était enfin libérée de ce poids.

C'est parfois au moment où le soleil est au plus haut que l'orage éclate. Raphaëlle reçut sur son portable un message d'un certain maître Isquier dont elle ignorait tout. Il lui enjoignait de le contacter au plus vite. Elle n'y prêta pas plus attention que cela mais, lorsqu'il la rappela le lendemain, il lui fallut prendre la mesure de ce qui se tramait.

– Je suis l'avocat-conseil d'Antoine Gendre, le fils de Joseph Lescuyer, annonça-t-il.

– Je ne comprends pas, balbutia Raphaëlle. Je suis la fille de Joseph Lescuyer et je suis enfant unique.

– Je crains, chère madame, de devoir vous démentir. Antoine Gendre est son fils, il est donc votre demi-frère.

Elle sentit un grand froid l'envahir.

– Je n'ai pas de demi-frère, balbutia-t-elle.

Elle repensa soudain à un passage de la lettre de Joseph qui l'avait troublée lorsqu'elle l'avait lu :

> « Je me demande à quoi ont servi mes expéditions dans la forêt amazonienne, mes plongées sous-marines, mes loopings en avion, mes sauts en parachute, mes soirées arrosées, mes femmes et mes enfants… »

Se pouvait-il que Joseph ait eu d'autres enfants ?

– Mon client vient seulement d'apprendre la mort de son père et m'a chargé des questions relatives à l'héritage, poursuivit maître Isquier.

– Des questions relatives à l'héritage ? répéta Raphaëlle, hébétée.

– Il apparaît que votre père vous a légué à sa mort une propriété située à Giverny, estimée à neuf cent cinquante mille euros. C'est exact ?

– Oui, mais…

– Vous savez, j'imagine, que les premiers héritiers dans l'ordre successoral, c'est-à-dire les descendants du défunt, ont les mêmes droits, qu'ils soient enfants légitimes ou non. Je précise qu'on entend par demi-frère ou demi-sœur les membres de la fratrie nés d'un seul des deux parents. Il me faut également ajouter que le statut de cette naissance n'a pas d'incidence, la loi ayant mis l'ensemble des descendants sur un pied d'égalité. Pour être encore plus clair, que le demi-frère ou la demi-sœur soit un enfant légitime, c'est-à-dire né d'une union reconnue par la loi, un enfant naturel, c'est-à-dire reconnu par le père, ou un enfant né d'une relation adultérine, la qualité de demi-frère ou demi-sœur est acquise de façon pleine et entière.

Raphaëlle se sentait de plus en plus oppressée.

– En conséquence, mon client réclame la part d'héritage qui lui revient de plein droit, à savoir la moitié de la maison de Giverny susmentionnée.

Le cœur de Raphaëlle battait beaucoup trop vite. Elle s'assit dans le fauteuil du salon et fixa son regard sur la fresque des anges au-dessus de la cheminée. Ils portaient toujours le monde, qui semblait plus lourd que jamais.

– Je ne comprends pas, répéta-t-elle.

– Je viens pourtant de vous expliquer la situation, répondit maître Isquier avec impatience.

– Je ne suis pas certaine d'avoir tout saisi…

– C'est pourtant simple, madame. Vous avez hérité de la totalité d'une maison qui ne vous appartient que pour moitié, vous allez donc devoir rendre à qui de droit la moitié de la maison qui lui revient.

Raphaëlle était effondrée.

– Mais enfin, j'habite dans cette maison ! s'écria-t-elle.

– Mon client a droit à la moitié de cette propriété, estimée à neuf cent cinquante mille euros, soit quatre cent soixante-quinze mille euros.

– Où voulez-vous que je trouve cette somme ? demanda Raphaëlle.

– Chère madame, c'est très simple : soit vous en disposez et vous la versez à mon client, soit vous vendez la maison et vous versez la moitié de la vente à mon client. En déduisant bien sûr pour moitié la part des droits de succession dont vous vous êtes acquittée.

Raphaëlle sentit monter la panique, car aucune des deux situations n'était envisageable pour elle. Elle ne disposait pas d'un demi-million d'euros, et vendre la maison signifiait la fin de tout ce qu'elle avait construit avec ses amis. L'idée de mettre un terme à cette colocation et de s'éloigner de Paul la faisait frémir. Elle reprit avec peine ses esprits, indiqua à maître Isquier que son avocat se mettrait en contact avec lui et raccrocha. Les deux anges de la fresque murale portaient toujours le monde, mais le sien se dérobait. Le visage de Joseph dansa devant ses yeux. Elle avait la nausée. Elle regarda la course des nuages dans le ciel. L'angoisse l'envahissait, son corps se contractait. Tout ce qu'elle avait bâti au cours de ces derniers mois s'effondrait à nouveau par la faute de Joseph. Qu'allait-elle faire ? Comment annoncer la nouvelle aux autres ? Raphaëlle était anéantie.

Elle se leva d'un bond. Quelqu'un savait sans doute tout depuis le début. Elle sortit de la maison, folle de rage, et courut jusqu'au chalet. Elle ouvrit la porte sans même prendre le temps de frapper et entra, haletante, les cheveux emmêlés, le visage empourpré. Paul leva la tête. Le regard aimant qu'il lui lança la prit au dépourvu ; elle s'arrêta net.

– Tu le savais, n'est-ce pas ? lui demanda-t-elle d'une voix aiguë.

– De quoi tu parles ?

– D'Antoine Gendre ! s'écria-t-elle.

– Qui ?

– Je t'en prie, ne fais pas semblant, répliqua-t-elle sèchement.

– Raphaëlle, je ne sais pas de quoi tu parles. Calme-toi et explique-moi.

Elle lui relata la conversation qu'elle venait d'avoir avec maître Isquier. Paul semblait surpris : il ne savait manifestement rien de tout cela.

– Tu comprends ce que ça signifie ? lui demanda-t-elle.

– Je crois, oui.

Elle s'assit sur la table du salon, les pieds posés sur le banc en bois assorti.

– Qu'est-ce qu'on va devenir ?

– On va trouver une solution, répondit Paul avec calme.

Raphaëlle perdit le sien. Elle se leva et fit les cent pas.

– Mais quelle solution ? Tu ne vois pas que c'est fichu ? Ce connard de Joseph avait un fils, et il ne le savait sûrement même pas ! À moins qu'il se soit amusé à me léguer cette baraque en sachant pertinemment ce qui allait me tomber sur le coin de la figure.

Paul, appuyé contre le mur, l'observait en silence.

– Quoi ? Qu'est-ce qu'il y a ? lui demanda-t-elle, excédée. Pourquoi tu me regardes comme ça ?

– Pour rien. J'attends que tu te calmes.

– Je n'ai aucune intention de me calmer ! s'écria-t-elle.

Elle fulminait.

– Tu n'es pas seule, Raphaëlle, lui dit-il d'une voix douce. Je suis là, on est ensemble. On va trouver une solution, je te le promets.

Ces mots l'apaisèrent. C'était ce qu'elle avait besoin d'entendre. Sa colère retomba. Elle colla son front contre la vitre et regarda par la fenêtre. Les arbres tanguaient sous la brise, mais ils tenaient bon. Les massifs de fleurs, les feuillages, les buissons…

cette nature qui voyait se succéder les saisons ne cédait pas. Perdue dans sa contemplation, elle ne vit pas Paul s'approcher. Elle sursauta lorsqu'il posa une main sur son épaule, et fut traversée par une onde de désir, comme souvent lorsqu'il se tenait près d'elle. Il l'entoura de ses bras et enfouit son visage dans ses cheveux auburn. La respiration de Raphaëlle s'accéléra. Elle se laissait faire ; elle ne pensait plus à rien. Il l'embrassa dans le cou.

La présence de Paul l'enivrait, tout lui sembla soudain lointain. Des sensations oubliées depuis son divorce refleurissaient en elle ; elle ressentait un trouble délicieux. Une voix dans sa tête lui disait qu'il ne fallait pas, qu'elle devait prendre ses jambes à son cou et s'enfuir avant qu'il ne soit trop tard, mais elle ne l'écouta pas. Paul l'embrassa de plus belle. Elle répondit à son baiser. C'était le couronnement de ces longs mois d'attente et de proximité, au cours desquels ils avaient pris le temps de se connaître, s'étaient rapprochés, éloignés, embrassés, disputés, aimés. Leur relation était différente de tout ce que Raphaëlle avait connu auparavant. Paul était le premier vrai homme qui la serrait contre lui. Il plongea ses yeux dans les siens. C'était merveilleux pour elle de croiser enfin un regard comme celui de Paul, qui ne soit ni vide ni avide, ni fuyant ni superficiel. Un vrai regard d'homme, attentif, aimant, profond. Elle s'abandonna plus encore pendant qu'il caressait ses cheveux, les respirait, jouait avec leurs boucles épaisses. Il l'entraîna vers la chambre. Le soleil de cette fin de journée s'étirait sur les murs blancs, qu'il colorait d'une touche dorée. Paul allongea Raphaëlle sur le lit. Il prenait tout son temps, l'embrassait, la caressait sans aucune précipitation. Elle était surprise et émue. Elle n'avait jamais connu un homme aussi présent à ce qu'il vivait. On aurait dit qu'il ne pensait à rien d'autre qu'à ce qu'ils partageaient ensemble, seconde après seconde. Raphaëlle comprit que les quelques hommes qu'elle avait eus dans sa vie n'avaient vu en elle qu'un corps morcelé. Pour la toute première fois, elle était dans les bras d'un homme qui aimait le corps qu'elle était, et pas seulement le corps qu'elle avait. Elle lui rendit ses caresses et ses baisers, non pas parce que c'était ce qu'il fallait qu'elle fasse dans cette situation, mais parce qu'elle en avait vraiment envie. Elle perdit la notion du temps. Il n'y avait plus ni début ni fin, mais un instant suspendu, au cours duquel deux êtres, assez forts pour se montrer tels qu'ils étaient, échangeaient corps et âme. Lorsqu'elle fut nue devant lui, elle ne ressentit pas la moindre gêne. Le désir la grisait, décuplé par le soin que Paul prenait d'elle. Elle aimait sa peau, son odeur, les mots qu'il lui murmurait, sa douceur. Ils prirent le temps de se sentir, de découvrir chaque parcelle de leurs corps, savourant pleinement le moment qu'ils vivaient. Une onde de bien-être les submergeait. Ils perdirent la notion du temps et firent l'amour sans se quitter des yeux. Le plaisir qu'ils ressentirent les laissa apaisés et heureux.

Ils ne revinrent à la réalité que lorsque le jour commençait à se lever sur la ville. Un merle s'égosillait tout en haut d'un arbre pour intimer l'ordre aux Givernois de se lever. Le ciel se teinta de rose, laissant entrevoir la promesse d'une journée radieuse. Dans cette aurore naissante, ils établirent un plan d'attaque et décidèrent, pour l'heure, de ne pas parler aux autres de l'appel téléphonique de maître Isquier.

29

Une semaine s'écoula. Paul et Raphaëlle furent contraints de se rendre à l'évidence. Rien de ce qu'ils avaient tenté pour sortir de l'ornière n'avait fonctionné. Ils réunirent tout le monde dans le salon. Il bruinait depuis le matin sur Giverny. Le ciel était bas, chargé de plomb. Ils s'assirent autour de la table basse avec anxiété, sentant bien qu'il se passait quelque chose de grave. Lorsque Raphaëlle leur exposa la situation, ils restèrent tout d'abord sans voix. Personne n'avait imaginé un tel bouleversement. La consternation était générale. Grégoire faisait les cent pas. Il se planta devant Raphaëlle.

– Il faut que tu demandes à ton prétendu demi-frère un test ADN, lui dit-il. Ce ne serait pas le premier à se découvrir le fils d'un mort pour hériter de quatre cent soixante-quinze mille euros.

– La vérification est faite, malheureusement, lui répondit Raphaëlle. Son avocat m'a fait parvenir l'ensemble des documents prouvant la filiation, et mon avocat les a authentifiés.

– Alors on est faits comme des rats ! lança le pianiste en continuant à arpenter le salon.

– Pourquoi ne pas proposer à votre demi-frère de se joindre à nous ? demanda Claire. Il serait propriétaire de la moitié de la maison, mais y vivrait avec nous.

Raphaëlle sentait la chaleur de Paul, assis à côté d'elle sur le canapé.

– Il ne souhaite même pas me rencontrer, répondit-elle d'une voix lasse. La seule chose qu'il veut, c'est son argent.

– L'argent, l'argent ! Ils n'ont plus que ce mot-là à la bouche ! dit Claire. Rendez-vous compte, refuser de rencontrer sa demi-sœur ! Fouler aux pieds ce que pourrait permettre une telle rencontre et n'avoir pour seul but que l'argent, c'est d'une tristesse !

Assis dans le fauteuil vert émeraude qu'il affectionnait, Jacob avait un air grave.

– Ces questions d'héritage sont souvent très complexes. Votre demi-frère n'a jamais été reconnu et aimé par votre père. L'argent qu'il réclame compense cette injustice.

– Votre façon de voir les choses nous met la tête à l'envers, Jacob, répliqua Grégoire. On est partis pour détester le demi-frère qui nous met dehors, vous vous pointez avec vos explications de psy et on en arrive presque à avoir de la peine pour lui. Il faut choisir son camp. C'est le demi-frère ou nous !

Jacob sourit tristement.

– Je ne prends pas son parti, répondit-il, je tente simplement d'expliquer une situation irrationnelle.

– Je vais vous la résumer, moi, la situation, lança Grégoire, et elle n'a rien d'irrationnel : on est dans une merde noire !

Un lourd silence s'abattit sur le groupe. L'heure était grave. Tous s'observaient, incapables d'imaginer la fin de leur vie à Giverny. Au-dehors, le vent soufflait, faisant tanguer les arbres. La pluie s'était intensifiée.

– Et si on mettait en commun nos économies ? suggéra Claire. Je ne dispose pas de beaucoup, mais peut-être que si on s'y met tous on arrivera à quelque chose…

– Dire que j'avais largement de quoi acheter cette maison il y a encore quelques mois ! se lamenta Grégoire. Nous devons nous rendre à l'évidence, nous n'avons pas suffisamment d'argent pour racheter les parts de cet enfoiré.

– Il ne s'agit pas seulement d'acheter la moitié de la maison, répliqua Raphaëlle. Il faut pouvoir l'entretenir et y vivre pendant plusieurs années. On a besoin de beaucoup plus que quatre cent soixante-quinze mille euros.

Ils passèrent plusieurs jours à explorer toutes les pistes, y compris les plus improbables, mais furent contraints de se rendre à l'évidence : il n'y avait aucune solution pour conserver le Clos des Anges.

30

Un mois plus tard, Raphaëlle fut contrainte de signer la promesse de vente de la maison, achetée par un couple de Hollandais qui souhaitaient passer leur retraite dans la ville de Claude Monet. Le petit groupe se réunit une dernière fois dans le salon pour se dire adieu. Ils étaient tristes et abattus. Le Clos des Anges leur avait offert un cadre harmonieux, ils s'étaient attachés les uns aux autres et ne parvenaient pas à imaginer la fin de cette belle aventure. Raphaëlle était appuyée contre la baie vitrée. Paul se tenait près d'elle. Au-dessus de la cheminée, les anges portaient toujours le monde. Elle leur adressa silencieusement la prière de son enfance.

Aidez-moi, je vous en supplie.

Tout lui semblait irréel. Les voix de ses amis lui semblaient venir de loin, comme si elle se trouvait dans une autre pièce.

– Nous pourrions peut-être rejoindre une autre colocation ? suggéra Héléna. Lydie nous aiderait, j'en suis certaine.

– Oui, mais ce ne sera jamais pareil, répondit Fanny.

– Bien sûr, mais ça pourrait être bien, insista Héléna.

Elle observait ses amis. Ils étaient accablés, incapables de réagir.

– Alors, c'est fini ? insista Héléna. On va se séparer comme ça, et c'est tout ?

– Héléna a raison. Pourquoi ne pas recommencer autre chose ? suggéra Claire. Nous baissons les bras trop facilement.

Le groupe était apathique. Un lourd silence s'installa, à peine troublé par le tic-tac de l'horloge murale. Soudain, Raphaëlle songea à quelque chose. Elle était en alerte. Des pensées confuses se bousculaient dans sa tête.

– Bon sang ! Et si… Mais bien sûr ! C'est ça ! s'écria-t-elle.

Les autres la regardaient, intrigués.

– C'est incroyable ! Comment ai-je pu ne pas… poursuivit-elle.

– Mais de quoi parles-tu ? lui demanda Fanny.

Raphaëlle s'élança vers l'escalier sans répondre. Elle monta les marches quatre à quatre jusqu'au grenier et se dirigea en hâte vers le secrétaire de son père. Elle ouvrit le deuxième tiroir et prit la chemise en carton, puis redescendit et débarqua en trombe dans le salon en brandissant son trophée.

– Il faut prier, les amis !

Tous l'observaient, interdits. Était-elle devenue folle ? Elle poussa la table basse et s'assit par terre, juste devant la cheminée. Fébrile, elle étala les lettres sur le tapis. Où était celle qu'elle cherchait ? Elle finit par la trouver et la lut à ses amis :

> « La lumière de ton cabanon est magnifique… merci pour ton aide… C'est moi qui suis ton débiteur, aussi je te fais ce cadeau de bon cœur, en espérant que cela aura un jour quelque valeur… »

Elle releva la tête. Elle avait les joues rouges, ses yeux verts étincelaient. Elle haletait.

– C'est une lettre adressée au premier propriétaire de cette maison, mon arrière-grand-père, prénommé Oscar, cria-t-elle.

Elle brandit une autre lettre.

– Tout est expliqué là ! La toile est ici, il faut la trouver !

– De quelle toile parles-tu ? Merde, Raphaëlle, explique-nous ! lui intima Fanny.

Elle reprit son souffle.

– Oscar l'a aidé à plusieurs reprises au cours de sa vie, notamment quand les créanciers étaient après lui et qu'ils avaient saisi ses toiles, poursuivit Raphaëlle d'une voix saccadée en se plongeant dans les autres lettres. Il avait fait une tentative de suicide parce qu'il était pris à la gorge. C'est mon arrière-grand-père qui l'a secouru. Les lettres sont signées CM…

Elle les agita devant eux.

– CM ! Claude Monet ! s'exclama-t-elle.

Ils attendirent la suite, stupéfaits.

– J'ai trouvé toute leur correspondance cachée dans le grenier. Il dit qu'il lui a fait un cadeau pour le remercier… poursuivit Raphaëlle, exaltée. Un cadeau de Claude Monet à Oscar ! Ça y est, ça monte au cerveau ?

– Qu'est-ce qui te fait croire qu'il s'agit d'une toile ? lui demanda Fanny.

Raphaëlle s'était relevée et se tenait sous la fresque des anges.

– Que veux-tu qu'il lui offre d'autre ? Écoutez ce qu'il écrit dans cette autre lettre :

> « Conserve bien ce cadeau, peut-être verra-t-il un jour, quand nous ne serons plus là, sa valeur augmentée dans des proportions que nous n'imaginons pas. »

– Il faut trouver la toile, reprit-elle.

– Mais qu'est-ce qui vous fait penser que la toile, si toile il y a, est encore ici ? demanda Claire. Votre arrière-grand-père l'a probablement vendue.

Raphaëlle s'appuya contre la cheminée. Elle était désarçonnée. Claire avait raison, pourquoi cette toile serait-elle encore là après toutes ces années ? Oscar l'avait sûrement mise en vente il y a belle lurette. Voyant l'enthousiasme faiblir, Grégoire donna ses instructions :

– Jacob et Fanny, vous vous occupez du rez-de-chaussée, Héléna, des chambres du premier étage, je m'occupe du deuxième. Claire, tu passes en revue le sous-sol, Raphaëlle, le grenier, et Paul, le chalet.

Ils se dispersèrent et commencèrent les recherches. Trois heures plus tard, toute la maison avait été passée au peigne fin. Ils n'avaient rien trouvé, pas même le plus petit indice susceptible de les encourager. C'était la consternation générale.

Chacun regagna sa chambre. Raphaëlle alla s'enfermer dans son atelier, triste et abattue. Elle entendit Zorro miauler. Elle regarda autour d'elle, et finit par le trouver dans l'armoire où elle rangeait son matériel. Il était en train de gratter le fond du meuble. Raphaëlle songea qu'il avait sans doute vu une souris. Elle voulut le faire sortir, mais il refusa et gratta de plus belle. Elle se rendit compte qu'il avait déchiré le tissu qui tapissait l'arrière de l'armoire. Après avoir enlevé plusieurs pots de peinture, elle put découvrir l'étendue des dégâts. Le tissu arraché laissait apparaître un pan de bois clair. Raphaëlle l'enleva entièrement. Elle reconnut tout de suite la gravure : sur le panneau de bois, deux anges portant le monde. La jeune femme prit une lampe et la contempla, émue. Le motif, magnifique, y était sculpté avec grâce.

Le sapin de Noël, près de la cheminée, scintille. Joseph n'est pas là, elle se jette dans les bras de son grand-père. Il la serre contre lui, elle se sent en sécurité. Rien ne peut lui arriver. Il la soulève pour lui montrer la fresque des anges, au-dessus de la cheminée.

– Pourquoi les anges portent la terre ?

– Parce qu'elle a besoin d'être protégée.

– Est-ce que, moi aussi, je pourrai être un ange et la protéger ?

– Mais tu es un ange. Ne l'oublie jamais.

Elle tend la main vers la fresque et caresse le monde. Elle se retourne vers son grand-père en souriant, heureuse et fière.

Raphaëlle revint à elle, tendit la main et caressa la gravure, s'imprégnant de son énergie et de sa beauté. Soudain, le panneau de bois bascula. Zorro miaula de plus belle. Raphaëlle dirigea la lampe vers le mur. Un espace s'était ouvert. Alors qu'elle s'en approchait, fébrile, son regard fut attiré par une forme. Elle tendit les mains devant elle et ses doigts rencontrèrent le châssis d'une toile. Elle poursuivit son exploration. Il n'y en avait pas une, mais trois ! Une excitation sans pareille s'empara d'elle.

Paul et Grégoire avaient posé devant la cheminée les trois peintures, dissimulées sous plusieurs couches de toile de jute. S'agissait-il vraiment des œuvres que Claude Monet mentionnait dans ses lettres et qu'il avait offertes à Oscar en guise de remerciement ? Personne ne bougeait plus. Un silence religieux régnait. Le gris du ciel blanchissait peu à peu, transpercé par quelques rayons d'un soleil fragile. Une étrange lumière baignait le salon.

– Inutile de tergiverser pendant des heures, dit Grégoire. De deux choses l'une, soit ce sont bien des œuvres de Monet et on est sauvés, soit ce sont des croûtes anonymes et nous sommes faits comme des rats.

– Excellent résumé de la situation ! ajouta Fanny. Il est temps d'en avoir le cœur net.

Raphaëlle se dirigea vers les toiles, une paire de ciseaux à la main. L'émotion qu'elle ressentait était indescriptible. Ce qu'elle allait découvrir pouvait lui permettre de conserver la maison et d'y rester avec ses amis si chers à son cœur, mais ça allait bien au-delà. Elle était peintre, artiste jusqu'au bout des ongles, et se trouvait peut-être devant des toiles peintes par Claude Monet, qu'elle avait toujours vénéré. Avec cette maison, son amour pour Monet était la seule chose que lui avait transmise son père. Le visage recueilli, elle sortit lentement la première toile de son épaisse protection de jute. Elle était emballée de papier grossier. Tout le monde retenait sa respiration. Raphaëlle retira la dernière protection et ferma les yeux. Ainsi, elle ressemblait à une madone. Lorsqu'elle les rouvrit, l'expression du plus parfait bonheur inonda son visage. Une émotion intense, sauvage, s'empara d'elle. Les autres la regardaient sans bouger, stupéfiés. Grégoire fut le premier à réagir.

– C'est un Monet, oui ou non ? demanda-t-il.

Elle acquiesça. Ils l'aidèrent à déballer les deux autres toiles et les contemplèrent, stupéfaits. La première représentait un champ de fleurs, comme seul Monet savait les peindre. La deuxième était un autoportrait, la troisième représentait le Clos des Anges. Un rayon de soleil s'étira sur les peintures, accentuant encore leur beauté. Tous étaient en proie à la plus vive émotion. Zorro restait collé à Raphaëlle. Ils se rapprochèrent les uns des autres et se prirent par la main, comme pour mieux partager ce moment exceptionnel.

– Je crois qu'on est sauvés ! fit Grégoire en contemplant les chefs-d'œuvre du peintre impressionniste.

– Il faut les faire authentifier pour s'en assurer, dit Jacob.

Raphaëlle porta soudain la main à son front.

– La clause de dédit de la maison ! Elle expire aujourd'hui !

– Les Hollandais vont faire une syncope ! lança Grégoire.

Fanny prit les choses en mains.

– Paul et Raphaëlle, vous filez chez le notaire pour arrêter la vente de la maison. Jacob et moi, on s'occupe de contacter un professionnel pour faire expertiser les toiles. Et d'ici là, pas un mot de notre découverte à qui que ce soit.

Paul et Raphaëlle sortirent en trombe de la maison et roulèrent à vive allure jusqu'à Vernon. Ils arrivèrent juste à temps chez le notaire pour faire annuler la vente. De son côté, Jacob contacta un de ses amis, qui lui donna les coordonnées de l'un des plus grands spécialistes de Monet. L'expertise fut fixée au surlendemain.

Quand ils se retrouvèrent pour le dîner, l'excitation était retombée. Tous montraient des signes avancés de fatigue. Ils échangèrent à peine quelques mots. Sans Zorro, jamais ils n'auraient découvert la cachette secrète derrière l'armoire, et la maison aurait été vendue aux Hollandais. Paul passa la nuit avec Raphaëlle. Les trois toiles étaient posées contre le mur de sa chambre. Ils les observèrent longuement, serrés l'un contre l'autre. Elle songea que tout ce qu'elle avait de plus cher dans ce monde se trouvait juste là : Paul, Fanny, Jacob, Claire, Héléna et Grégoire, Zorro, les toiles de Monet et son Clos des Anges. Elle se blottit contre Paul et s'endormit, apaisée.

31

L'expert authentifia les trois toiles découvertes dans le passage secret, ainsi que les lettres adressées à Oscar. Claude Monet avait bien séjourné dans la maison de l'ancien propriétaire des lieux, Oscar Lescuyer, négociant en vins, arrière-grand-père de Raphaëlle, qui avait aidé le peintre dans les périodes les plus sombres de sa vie. L'estimation – près de vingt millions d'euros par toile – donnait le vertige. Monet avait tenté de mettre fin à ses jours aux alentours de 1867 parce qu'il était étranglé financièrement… et ses toiles se vendaient aujourd'hui à des prix faramineux.

La veille de la mise en vente des toiles, Raphaëlle les contempla longuement, comme pour y puiser un peu de l'énergie de vie dont elles étaient gorgées. L'émotion la submergeait. Après s'être si souvent sentie abandonnée, seule et misérable, elle était soudain reconnaissante pour ce que la vie lui offrait. Sa fragilité affective, due à une enfance triste et solitaire, avait peu à peu laissé place, depuis la mort de Joseph, à une force nouvelle, qu'elle avait conquise de haute lutte et qui ne se nourrissait plus de chimères ou de pis-aller. Elle fêterait ses quarante ans trois mois plus tard, mais se sentait plus jeune que jamais auparavant. Ce qu'elle avait semé tout au long de sa vie arrivait à maturité et commençait enfin à donner des fruits. La récolte promettait d'être belle.

Le prix des toiles s'envola et atteignit la somme indécente de cent millions d'euros. Raphaëlle, qui n'avait jamais imaginé disposer un jour d'une telle somme, réunit ses amis dans le salon quelques jours après la vente. Le feu allumé par Paul crépitait dans la cheminée, et son odeur se répandait dans toute la pièce. Le rougeoiement des bûches dans l'âtre éclairait les visages. Raphaëlle se tourna vers Claire.

– Vous aviez dit l'autre soir que, si les toiles étaient authentifiées, nous devrions faire un don à une association, lui dit-elle.

– En effet, répondit Claire.

– On a trouvé un fonds de dotation qui s'appelle Pour un Monde Meilleur, poursuivit Raphaëlle. Ce qu'on donne à ce fonds est réparti à parts égales entre toutes les associations et fondations qui en font partie. Ça nous permet de ne faire qu'un seul chèque, mais de soutenir plusieurs causes différentes de manière équitable, précisa Fanny.

Ils applaudirent.

– Vous êtes les meilleurs amis que j'aie jamais eus, leur dit-elle, les larmes aux yeux.

– Même moi ? demanda Grégoire en lui faisant un clin d'œil.

– Oui, même toi ! répondit-elle.

Elle s'appuya contre la cheminée. Une douce chaleur baignait le salon.

– Fanny et moi, nous avons fait le point avec le notaire et mon avocat, poursuivit Raphaëlle. J'ai payé tout ce que je devais et je veux que vous acceptiez ceci.

Elle leur tendit une enveloppe. Ils faillirent s'étouffer en découvrant qu'elle leur avait fait à chacun un chèque de deux millions d'euros. Ils eurent beau protester en affirmant qu'elle ne leur devait rien, elle demeura inflexible.

Grégoire alla chercher du champagne. Ils trinquèrent en riant. Paul semblait perdu dans ses pensées. Raphaëlle se tenait sous la fresque des anges, qui semblait plus belle que jamais, et observait ses amis. Ils étaient heureux. Elle ressentait pour eux une profonde gratitude. Ils vivaient ensemble depuis six mois, mais elle avait l'impression de les connaître depuis toujours. Jacob, si bienveillant, toujours à l'écoute, Fanny, qui faisait danser la vie au-dessus du malheur, Claire, droite et fiable, Grégoire et toutes ses carapaces, Héléna, qu'elle appréciait un peu plus chaque jour, Paul, aimant, attentionné, qui tenait tant à sa liberté… Raphaëlle réalisa à quel point elle avait mûri depuis la mort de Joseph. Au cours des derniers mois, elle avait ressenti des douleurs de croissance dans son âme, les mêmes que celles qu'on ressent dans ses os au moment de l'adolescence. Cette partie d'elle, toujours au bord de l'effondrement, s'était solidifiée. L'amour de Paul et la constance des liens qu'elle avait tissés avec ses amis durant tous ces mois avaient eu sur son âme le même effet que le calcium a sur les os. Ils l'avaient aidée à se consolider, lui donnant une force nouvelle. Pour la toute première fois de sa vie, elle sentait qu'elle pouvait s'appuyer sur ses propres ressources. Son hypersensibilité, qu'elle avait toujours vécue comme un calvaire, lui apparaissait dorénavant comme une inestimable richesse, qu'il ne fallait plus ni mépriser ni dilapider. Elle devait veiller sur sa vie intérieure comme sur un site protégé. Il n'était plus question de l'ouvrir aux quatre vents.

Elle rangea les coupes de champagne dans la cuisine. Quand elle revint dans le salon, Paul n'était plus là. Elle regarda autour d'elle et vit son chèque, posé sur la cheminée. Il ne l'avait pas pris.

32

Raphaëlle mit son manteau et traversa le jardin. Le ciel était dégagé, mais un vent froid soufflait. Elle pénétra dans le chalet sans prendre la peine de frapper. Paul n'eut pas l'air surpris de la voir. Elle posa son chèque sur la table.

– Tu as oublié ça…

Paul garda le silence. Elle l'interrogea du regard.

– Je te remercie beaucoup, mais je ne peux pas accepter cet argent, lui dit-il.

– Pourquoi ?

– Parce que je n'ai besoin de rien de plus que ce que j'ai.

Il s'approcha d'elle.

– Ton père avait un projet qui lui tenait à cœur et qu'il n'a pas pu mettre en place de son vivant.

– Quel projet ?

– Il voulait faire du Clos des Anges un lieu culturel ouvert et y accueillir des gens de toutes les générations.

– C'est lui qui a eu cette idée ? lui demanda Raphaëlle, surprise.

– Il en parlait très souvent. Je pense que c'est le moment de la mettre en œuvre. Ça nous permettrait de transmettre nos talents et nos savoir-faire.

Raphaëlle ne disait rien. Elle se souvint de la première fois qu'elle était venue au chalet, quand la promesse de vente de la maison venait d'être signée par Grégoire. Elle n'aurait jamais pu imaginer que sa vie aurait changé à ce point quelques mois plus tard.

– Qu'est-ce que tu en penses ? lui demanda Paul.

Un sourire se dessina sur le visage de Raphaëlle.

– C'est une idée merveilleuse ! répondit-elle. Mais comment Joseph comptait-il s'y prendre pour faire venir du monde ici ?

– Il avait tout prévu, répondit Paul, le budget des travaux pour l'extension de la maison, le site web et le *community management.* On est très bien placés, on bénéficiera du monde qui vient régulièrement à la Fondation Claude-Monet. C'est un lieu international, des gens du monde entier viennent à Giverny. L'office du tourisme est prêt à nous appuyer. Je m'étais renseigné, nous pouvons obtenir les autorisations et démarrer les travaux rapidement. Je suis certain que tu t'occuperas de tout ça très bien. Je prendrais le relais ensuite.

Elle le regarda, déconcertée.

– J'ai accepté la proposition qu'on m'avait faite. Je vais partir au Japon pendant deux mois…

Raphaëlle ressentit une douleur familière dans sa poitrine et eut soudain une image de sa mère, accrochée à Joseph, le suppliant de ne pas partir. Elle ne voulait pas être comme elle, une mendiante de l'amour. Paul était libre d'aller où il le souhaitait. Elle n'avait pas à le retenir.

– C'est bien que tu y ailles, répondit-elle.

En fin de journée, elle retourna dans son atelier. La dernière toile de sa série États d'Âme était achevée. L'exposition parisienne, qui avait été décalée, se tiendrait dans quatre mois. Elle se sentait enfin libérée du poids de tous les masques qu'elle avait portés dans sa vie, le plus souvent sans même s'en rendre compte.

Un bruit lui fit lever la tête. Paul se tenait de l'autre côté de la baie vitrée. Elle lui fit signe d'entrer. Il posa son manteau sur une chaise. Il portait un jean et le pull gris chiné que Raphaëlle adorait. Il regarda la toile.

– Elle est magnifique, dit-il.

Il s'avança vers elle.

– Je me demandais si tu accepterais de venir au Japon avec moi…

Surprise, elle eut un moment d'hésitation.

– Oui ! s'écria-t-elle. J'aimerais beaucoup…

Paul la serra très fort contre lui. Raphaëlle sut à cet instant qu'elle l'aimait comme elle n'avait encore jamais aimé, d'un amour profond et serein, qui emplissait son cœur et son âme, dans lequel il n'y avait aucune place pour le manque, l'idéalisation ou le drame. Elle comprit qu'elle était remplie à un endroit d'elle qui avait toujours manqué de tout, quoi qu'elle fasse. Elle songea à la lettre de son père : « Écoute la petite musique du Clos des Anges et sois heureuse, Raphaëlle. » Pour la toute première fois de sa vie, elle pensa à Joseph sans colère ni tristesse. La mélodie lancinante de son passé l'avait reconnectée à elle-même. Elle se sentit soudain très légère, comme si tout le poids qu'elle avait porté jusqu'à présent s'envolait.

Remerciements

Merci à Frédéric Koskas et à Ariane Molkhou pour leur soutien sans faille et pour leur relecture attentive.

Merci à Poupy et à son chat Zorro.

Merci à mes collègues et amies Delphine Gorges et Nathalie Bénet-Weiler.

Merci à Bruno Garel, à Suyapa Hammje, à Lama Younès-Corm et à toutes les équipes de Solar.

Et merci à mes patients, pour le courage dont ils font preuve et pour la confiance qu'ils m'accordent.

Achevé d'imprimer par
Normandie Roto Impression s.a.s.
61250 Lonrai
N° d'impression : 1805342

Imprimé en France